法治安徽建设年度报告（2015）

安徽师范大学法治中国建设研究院 编

安徽师范大学出版社
·芜湖·

图书在版编目(CIP)数据

法治安徽建设年度报告.2015/安徽师范大学法治中国建设研究院编.—芜湖:安徽师范大学出版社,2016.10

ISBN 978-7-5676-1802-2

Ⅰ.①法… Ⅱ.①彭… Ⅲ.①社会主义法制-建设-研究报告-安徽-2015Ⅳ.①D927.54

中国版本图书馆CIP数据核字(2016)第303052号

法治安徽建设年度报告(2015)

安徽师范大学法治中国建设研究院 编

责任编辑:胡志立

装帧设计:丁奕奕

出版发行:安徽师范大学出版社

芜湖市九华南路189号安徽师范大学花津校区

网　　址:http://www.ahnupress.com/

发 行 部:0553-3883578　5910327　5910310(传真)

印　　刷:虎彩印艺股份有限公司

版　　次:2016年10月第1版

2016年10月第1次印刷

规　　格:700 mm ×1000 mm　1/16

印　　张:13.5

字　　数:155千

书　　号:ISBN 978-7-5676-1802-2

定　　价:39.00元

前　言

2015年安徽师范大学法治中国建设研究院与安徽省法学会合作首次公开出版《法治安徽建设年度报告（2014）》，反响很好。今年安徽师范大学法治中国建设研究院继续推出《法治安徽建设年度报告（2015）》。

本报告秉承《法治安徽建设年度报告（2014）》的风格，分上下两篇，上篇为法治工作报告，下篇为法治调研报告。上篇法治工作报告包括人大立法与监督工作、依法行政工作、审判工作、检察工作、司法行政工作、知识产权保护工作、政协的立法协商和法治推动工作。下篇法治调研报告内容包括芜湖市城乡居民守法意识现状、电信诈骗、社区法治建设、全面二孩政策对女性就业的法制保障影响等。

法治工作报告的调研、资料收集主要由彭凤莲、王宇松完成，编撰由王宇松和陈银珠完成，由王宇松统改。法治调研报告由安徽师范大学法学院学生通过暑期社会实践完成，由王宇松统改。全书由彭凤莲负责统稿。

编　者

2016年9月

目 录

上篇 法治安徽建设工作报告

下篇 法治安徽调研报告

上篇

法治安徽建设工作报告

一、人大立法与监督工作

2015年，安徽省人大深入贯彻党的十八大和十八届三中、四中、五中全会精神，认真学习贯彻习近平总书记系列重要讲话精神，围绕省十二届人大四次会议确定的目标任务，认真履行职责，锐意开拓创新，各项工作扎实有序推进，取得了积极进展和明显成效。

（一）人大的立法工作

省人大法制工作委员会在省人大常委会和主任会议的领导下，认真贯彻"五个坚持"立法工作指导思想，督促有关方面做好法规起草工作，依照法定程序及时将法规草案提请省人大常委会审议。密切关注立法调研论证项目的进展情况，积极参与相关立法调研论证工作，努力推进享有立法权的市各项立法工作的开展，为法制安徽建设做出积极贡献。

1.认真贯彻"五个坚持"立法工作指导思想

——坚持党的领导，深入贯彻落实中央的决策部署。一是根据形势发展，对省十二届人大常委会确立的立法规划进行研究，提出调整方案，经省人大常委会党组研究并报省委批转执行。二是落实省委全面深化改革、全面依法治省的部署要求，通过修订讨论决定重大事项的规定和立法条例，将省委交由省人大常委会牵头负责的8项任务、省人大常委会党组提出的18项改革举措，在制度建设层面全部完成。三是贯彻中央18号和省委12号文件精神，修订乡镇人大工作条例，推进基层政权建设。特别是在修订讨论决定重大事项的规定时，党组6次进行专题研究，并报经省委常委会讨论同意。

——坚持发挥主导作用，把握立法主动权。一是实施立项申报论证和选项论证，把好立法项目确定关。通过立法规划和立法计划的统筹安排，从源头上发挥主导作用。二是把握法规起草主导权，在全年提请审议的省本级21件法规草案中，由省人大专委或工委牵头起草的有10件，几近“半壁江山”。三是把握立法审议主导权，充分尊重省人大常委会组成人员的审议意见和专委会的审查意见，组成人员和专委的意见，充分吸收，积极采纳。四是发挥人大代表参与立法作用。对代表提出的立法议案，全部列入立法计划和立法规划，认真予以办理。2015年初省人代会上代表提出的立法议案，截至年底，省人大常委会已经审议通过9件，占议案总数的46%。

——坚持立、改、废并举，注重立法与改革决策相衔接。经与省政府法制办沟通协调，在2014年下半年即组织对涉及转变政府职能简政放权的法规进行清理，采取打包方式，一揽子修改法规11件，废止法规3件。2013—2014年人大常委会三次集中修法24件，取消或者下放行政许可事项19项。经过2015年全国人大常委会法工委对相关地方性法规进行主动审查后，发现全国有40件地方性法规未作相应修改，没有一件属于安徽省。

——坚持开门立法，形成立法合力。一是首次召开立法协商会，与政协委员、民主党派、工商联和无党派人士，就2015年立法计划、修订《讨论决定重大事项规定》、制定《大气污染防治条例》等进行协商。二是公布的法规草案内容实现全覆盖，将法规草案及说明、法规草案修改稿及修改情况说明全部在省人大网站公布，广泛征求意见。三是发挥市县人大参与立法作用，每项立法都书面征求16个市和部分县人大常委会意见。四是发挥省人大常委会法律顾问、立法咨询专家库作用，借助外脑参与立法。五是每次修改法规都组成以法工委、有关工委、政府法制办、起草单位为基本班底，视情况邀请有关代表和专家学者参加的修改小组。特别是修订的《讨论决定重大事项规定》，可以说是科学立法民主立法的典范，概括起来就是“一二三四五六七”：即召开一次立法协商会；两次书面征求省全面深化改革民主法制专项组、省政府办公厅、省政府法制办公室、省政协社法委等省直部门意见；省人大常委会先后在省人大机关、蚌埠、岳西召开三次专题研讨会；四次书面征求市县人大常委会意见；省人大常委会五次审议；省人大常委会党组六次专题研究；七次在报刊网站公开征求意见。

——坚持立法创新，凸显地方特色。一是注重选择没有直接上位法的项目进行立法。这类项目11件，超过全年审议省本级法规草案总数的一半。2015年3月26日安徽省十二届人民代表大会常务委员会第十八次会议审议通过的《安徽省非煤矿山管理条例》，是全国第一部非煤矿山管理条例；2015年9月24日安徽省十二届人大常委会第三十三次会议审议通过的《安徽省法治宣传教育条例》，是全国第一部法治宣传教育条例。二是在立法内容上注重制度创新。对于重大事项，创设重大建设项目、重大政府采购项目的单独报告制度；对于修改立法条例，创设对争议较大条款的辩论制度。可以说，每一项法规中都有一些制度率先在全国地方立法中予以规定。三是立法技术运用上的创新。如继去年听取审议专项报告及满意度办法、专题询问办法之后，在讨论重大事项规定后附监督条例有关条文，作为追责的条款。

2.着力做好各项立法工作

截至2015年12月18日省十二届人大常委会第二十五次会议时，2015年立法计划确定的各项目标任务已基本完成，取得了丰硕的成果，进一步丰富完善了全省的法律制度体系。

——审议通过了多项法规。审议法规草案26件，通过19件，其中1件“打包”修改11件法规，1件“打包”废止3件法规。列入2015年立法计划的继续审议类项目3件，分别为《安徽省人民代表大会常务委员会讨论、决定重大事项的规定》（修改）、《安徽省非煤矿山条例》《安徽省邮政条例》，并全部审议通过。

——提请审议类项目多项获得通过。提请审议类项目17件，已通过10件，分别为《安徽省罚款和没收财物管理暂行条例》（废止）、《安徽省乡镇治安联防队管理条例》（废止）、《安徽省图书报刊出版管理条例》（废止）、《安徽省专利保护和促进条例》（修改）、《安徽省节约用水条例》《安徽省人民代表大会及其常务委员会立法条例》（修改）、《安徽省促进和保护台湾同胞投资条例》《安徽省法制宣传教育条例》（修改）、《安徽省湿地保护条例》《安徽省预算审查监督条例》（修改）；审议6件，分别为《安徽省信息化条例》《安徽省城市公共交通管理条例》《安徽省物业管理条例》（修改）、《安徽省实施〈中华人民共和国老年人权益保障法〉办法》（修改）、《安徽省消费者权益保护条例》（修改）、《安徽省凌家滩遗址保护条例》；因立法条件不成熟，经党组会议决定，暂缓审议1件，为《安徽省人民代表大会常务委员会监督政府性投资办法草案》。

——其他类项目审议多项获得通过。列入调研论证类项目，审议通过1件，为《安徽省乡镇人民代表大会工作条例》；立法计划外的审议通过2件，涉及《安徽省实施宪法宣誓制度办法》和打包修改1件（涉及11件法规）。

——批准合肥、淮南、宿州市法规5件。分别为《淮南市人民代表大会常务委员会关于废止〈淮南市暂住人口管理条例〉的决定》《合肥市防震减灾条例》《淮南市法治宣传教育条例》《淮南市消防条例》和《宿州市城镇绿化条例》。

——加强规范性文件备案审查工作。认真执行省人大常委会关于实行规范性文件备案审查的规定、规范性文件备案审查主动审查办法、规范性文件备案审查被动审查工作规程，督促各有关方面按照规定报送规范性文件。截至2015年12月31日，共接收报备规范性文件309件。同时，加大对报备规范性文件的主动审查力度，加强对有关规范性文件正式实施前的介入研究。

3.推进依法赋予设区的市地方立法权相关工作

贯彻落实修改后的《立法法》，有序推进依法赋予设区的市地方立法权工作，是省人大常委会2015年的一项重要工作任务。省人大法工委按照省人大常委会的要求，提前谋划、深入研究、周密部署、扎实推进，及时提出相关工作建议，并认真落实到位。

——及时修改安徽省《立法条例》。根据省人大常委会工作安排，早在党的十八届三中全会决定“逐步增加有地方立法权较大市数量”之际，即谋划修改《立法条例》工作。主要是提前研究相关问题，密切关注《立法法》修改进程，注重与全国人大常委会法工委保持密切联系。《立法法》修正案提请审议后，修改《立法条例》工作全面启动。2015年6月提请省人大常委会第二十一次会议初审，11月省人大常委会第二十四次会议审议通过修改决定。

——确定两批可以开始行使立法权的市。省人大常委会于2015年5月21日做出决定，确定宿州、蚌埠、阜阳、宣城、池州、安庆市六个设区的市可以制定地方性法规，这是全国第一个明确设区的市开始行使立法权的决定。9月24日省人大常委会再次做出决定，确定滁州、芜湖、铜陵市三个设区的市可以制定地方性法规。

——充实立法机构及其人员力量。根据省人大常委会党组研究意见，省人大办公厅于2015年5月就相关事宜向省编办专函报告，省编办已批复同意在法工委增设法规审查处，具体负责设区的市法规审查和立法指导工作。同时，常委会党组多次要求省编办依法及时批准各市人大常委会设立法制工作机构。

——提升各市立法工作人员的工作能力。2015年6月8日至12日，《立法法》培训班开班，对省和各设区的市人大法制委组成人员、常委会法制工作委员会和政府法制机构负责人及工作人员等近200人进行了为期一周的专题培训。这是全国省级人大常委会第一个举办对设区的市人大立法工作人员的培训班。8月3日至9日，组织首批可以行使立法权的六个设区的市人大法制委、常委会法工委负责同志，参加全国人大常委会举办的第一期《立法法》培训班，法工委主任吴斌同志还应邀为培训班授课。同时，根据各市请求，拟用三年左右时间，分批安排各市人大常委会立法工作人员到省人大挂职锻炼，跟“法”学习半年。首批安排8个市各选派1名工作人员挂职。这也是全国第一个实行设区的市立法人员到省人大挂职锻炼的省级人大。此外，法工委负责同志还应有关市邀请，作《立法法》及相关立法业务知识辅导报告，对市人大常委会组成人员、政府法制机构和有关部门负责人等进行集中辅导，为各市科学制定地方性法规、提高立法工作能力奠定了坚实的基础。

——建立健全市人大及其常委会的工作机制。省人大法制工作委员会研究起草并印发《市人大及其常委会立法程序规定（示范文本）》，供各市制定立法程序规定时参照。这是省级对设区的市人大制定的第一个示范文本。根据修改《立法条例》的决定，对《关于法规批准工作的意见》进行修改完善。

——加强对各市的立法业务指导。积极监督新享有立法权的设区的市法规草案审查的具体工作，对宿州、蚌埠、安庆、宣城有关法规草案进行审查，提出意见。对有关设区的市草拟的立法计划项目进行审查把关，提出建议，及时反馈。

4.立法工作中存在的突出问题

虽然立法工作取得了喜人成绩，但因各种原因，当前的立法工作中还存在一些不足，主要体现在以下几个方面：

——立法议案质量有待提高。当前，无论是人大代表提出的立法议案，还是其他各方面提出的立项建议，立项论证工作都还不够深入，立项的精准度有待进一步提高。

——立法论证不够充分。随着安徽省经济社会的快速发展，依法治省稳步推进，需要论证的项目偏多，时间安排太紧，一些项目未能做更深入全面的研究和论证。

——立法力量比较薄弱。当前，安徽省各级人大从事立法工作的人员不多，现有人员从事立法工作的能力也还有待提高，立法的力量亟待加强，特别是今后16个市均行使立法权，这一问题将更为突出。

——相关经费支出难以落实。为弥补立法工作力量不足，省人大法工委2013年就委托相关方面起草或参与立法的专题研究和法规草案起草工作，但由于经费支出管理受限，经费一直没有解决，工作开展受到一定的影响。

（二）人大常委会的监督和法治推动工作

2015年，安徽省人大常委会继续加大监督力度，听取和审议“一府两院”报告28项，开展全省执法检查4次、专题询问2次、满意度测评1次；发出审议意见书13份；做出决议决定22项。另外，落实了全国人大委托组织的执法检查、专题调研等其他各项工作。

1.推动新常态下经济社会新发展

在宏观经济复杂严峻、下行压力日益加大的情况下，省人大常委会认真贯彻落实新发展理念，主动向中心聚焦、自觉为大局出力，把推动长远发展与解决现实问题有机统一起来，有针对性地开展工作，支持和督促政府较好地完成了全年经济社会发展各项目标任务。

——加快调结构、转方式、促升级，是实现新常态下新发展的根本之举。省人大常委会立足于强化创新驱动、调整产业结构、提升产业层次，就推进战略性新兴产业集聚发展、推动科技创新、加快现代服务业发展等方面积极开展各项工作，审议省政府关于全省现代服务业发展情况的报告，并做出决定。开展视察、进行调研、听取报告、做出决定，对加强统筹规划、明确主攻方向、优化发展环境等提出审议意见。

——着眼于转变农业发展方式，选择深化农村改革问题开展专题询问。省人大常委会审议了省政府关于全省深化农村改革情况的报告，并开展专题询问，就推进土地承包经营权确权颁证和有序流转、培育新型农业经营主体、进一步实现强农富农等提出意见建议。

——支持中小企业发展，开展执法检查。审议了省人大常委会执法检查组关于检查《中华人民共和国中小企业促进法》实施情况的报告，摸清企业困难原因，找准症结所在，并组织专项审议和专题询问。同时，审议了省政府关于全省中小企业发展情况的报告，并开展专题询问，督促政府及有关方面切实抓好政策落实，着力解决中小企业融资难、经营成本高等突出问题。

——推动皖江流域经济发展。省人大常委会围绕发挥安徽在长江经济带发展中的战略支撑作用，专门听取港口和水运建设发展情况报告。重点审议省政府关于全省港口和水运建设情况的报告，就进一步释放安徽水运潜能，发展绿色航运，构筑水运大物流体系，打造流域性江海联运枢纽等提出审议意见，促进水运优势转化为发展优势，努力使黄金水道产生黄金效益。

2.着力推进民生改善

依法维护公民权益、保障民生，是人大职责所系。2015年，省人大常委会坚持以民为本，在跟踪监督教育、就业、医疗卫生等基本民生改善的同时，着重关注民生方面的新情况、新问题。

——推动老年人权益保护。省人大常委会针对安徽在全国较早进入老龄社会、老年人口比例高于全国平均水平的实际，审议省政府关于老年人权益保障工作情况的报告，并开展执法检查；同时审议省人大常委会执法检查组关于检查《中华人民共和国老年人权益保障法》实施情况的报告，并修订了相关法规。重点明确了老年人权益保障的阶段性目标，强化政府责任和社会责任，完善社会优待和服务机制，为应对人口老龄化、促进全社会营造敬老养老助老法治环境。

——重视少数民族的发展。省人大常委会着眼于少数民族群众同步迈进全面小康社会，对民族工作进行了审议。审议了省政府关于全省民族工作情况的报告，提出加大对民族聚居地区投入、提高民族乡专项补助资金标准、加强民族乡村生产生活基础设施建设、支持民族地区教育事业发展等审议意见，并督促省政府落实到位。

——注重社会焦点、难点问题。省人大常委会尽心尽力做好贫困地区对口帮扶工作，督促有关部门切实抓好精准扶贫、精准脱贫。省人大常委会始终抓好食品安全监管工作，2015年的重心在饮用水安全保障、农产品质量方面的监管，与此同时开展“食品安全江淮行”活动。大力推进禁毒工作，审议省政府关于全省禁毒工作情况的报告，并根据报告作出相应的决议。同时，注重文化事业和文化产业发展，审议省政府关于全省文化事业和文化产业工作情况的报告，并提出要加强文化遗址保护。总体来看，社会反映强烈的一些热点难点问题得到了有效缓解。

3. 大力推动生态文明建设

改善生态环境，是社会公众的急切期盼。省人大常委会连续多年推动生态文明建设，努力做到常抓不懈、步步深入。

——重点部署大气污染防治工作。省人大常委会持续推进空气质量改善工作，重点督促省人代会通过的《安徽省大气污染防治条例》和常委会有关决定的贯彻执行。同时加快长三角地区的大气污染联合防治工作，促使各方运用法治手段抓好污染防治，落实阶段性任务，建立健全长效机制。

——加强水污染防治工作。自2014年安徽省制定修改水污染防治法规、开展水污染防治执法检查后，2015年省人大常委会高度重视全省水污染防治情况，重点审议了省政府关于全省水污染防治情况的报告，督促省政府进一步完善重点流域的水污染防治规划，注重源头防控，加强农业面源污染控制。

——积极推进生态保护工作。2015年安徽省多管齐下推动自然生态修复和保护，制定了节约用水、湿地保护法规和全国第一部非煤矿山管理法规。省人大常委会专门听取土壤污染防治情况汇报，检查水土保持执法情况，开展“江淮环保世纪行”活动，督促建立健全大别山区水环境生态补偿机制。同时就顺应人民群众对绿色发展的新期待、切实维护生态安全等提出要求，为促进人与自然和谐发展做出了新的努力。

4.积极参与谋划“十三五”规划

今后五年的发展，直接关系到全面建成小康社会目标的实现。2014年初在与省政府领导班子座谈时就提出，政府及有关部门要及时总结“十二五”，尽早谋划“十三五”。省人大常委会把参与谋划“十三五”规划列为重点工作。

——相关专委会对规划的编制提前介入、全程跟进。突出围绕加快调转促步伐、完善基础设施体系、拓展创新发展平台、提高绿色发展水平、推进城乡区域协调发展等10个专题，组织开展专题调研，3次向规划编制部门提出意见和建议，大部分得到了吸纳。

——常委会专门听取政府规划编制情况的报告。对省政府关于“十三五”规划编制情况的报告进行了认真审议，就贯彻落实省委九届十四次全会提出的规划建议，对创新理念思路、把准方向重点、明晰目标措施等提出审议意见。经过政府及有关方面的共同努力，规划纲要草案得到进一步完善，为提交大会审查批准奠定了坚实的基础。

5.强化预算审查

省人大常委会进一步强化2015年预决算审查及国有资产

监督机制，认真审查和批准决算，听取和审议国民经济和社会发展计划、预算执行情况报告，听取和审议审计工作报告。

——严格审查和批准预算。2015年，省人大常委会深入贯彻新《预算法》和新修订的《安徽省预算审查监督条例》，严格遵循预算批准后非经法定程序不得调整的原则，先后3次审查批准了省级预算调整方案。为推动有关方面进一步管好用好财政资金，在做好审议计划、预决算报告等常规性工作的同时，还审议了省政府关于2014年省级决算的报告、省政府关于省本级2014年度预算执行和其他财政收支的审计工作报告、省政府关于2014年省级预算收入预计超收及安排使用情况的报告、省政府关于全省2015年上半年预算执行情况及下半年工作意见的报告。

——规范地方债务和政府投资。省人大常委会首次审查批准地方政府债务限额，审查和批准《安徽省2015年地方政府债务限额（草案）》，把规范债务管理、防控债务风险纳入法治轨道。深化对省级政府投资安排使用情况的监督，审议了省政府关于省级政府投资2014年使用情况及2015年安排执行情况的报告，督促省政府理顺投资管理体制、优化资金投向、严格绩效考评。改进对省级预算执行和其他财政收支审计发现问题时的处理方式，审议省政府关于2014年度省本级预算执行和其他财政收支审计查出问题的整改情况报告，完善整改情况向人大报告的机制，首次要求有关单位列出问题清单和整改清单，按照时限要求对账销号。

——强化内部监督。通过开展执法检查，督促加强单位内部审计监督。审议省人大常委会执法检查组关于检查《安徽省内部审计条例》情况的报告，强化风险防控。

6.加强履职实践探索，完善职权行使机制

着力健全符合地方国家权力机关职能特点、更加充满生机与活力的工作制度和运行机制。审议了省政府关于转变职能简政放权情况的报告。把务实创新、提高实效作为履行职责的基本要求。同时，为促使行政权力在阳光下规范高效运行，通过专题调研、审议报告等方式，支持政府加快转变职能、推进“放管服”改革，并就建设全省统一的电子政务服务平台、改善政务服务环境等提出意见，并跟踪督促落实。

7.支持“两院”深化司法体制改革

推动加强司法人员分类管理、完善司法责任制、健全职业保障、省以下法院和检察院人财物统一管理等改革任务的落实。

——审议全省法院执行工作情况的报告并做出决议。审议省高院关于全省法院执行工作情况的报告，并做出决议。同时，就加大执行力度、规范执行行为、强化信用惩戒等提出要求。

——审议全省检察机关刑事执行检察工作情况的报告、省检察院关于全省检察机关刑事执行检察工作情况的报告，并做出决议。同时，就强化法律监督职能，规范减刑、假释、暂予监外执行等方面提出要求。以开展类似案件监督为突破口，强化对司法工作的监督。在有关专委会上听取各方面意见、调阅相关案卷、进行类似案件分析的基础上，主任会议就贿赂犯罪案件查处和审判情况分别听取贿赂犯罪案件审判工作情况的报告、贿赂犯罪案件查办工作情况的报告，要求全面依法惩治贿赂犯罪，切实防止出现行贿犯罪轻刑化、免责化等问题。

8.创新法治宣传教育

加大法治宣传教育，提升全民法治素养，一直是推动我国法治化进程的基础性工作。省人大十分重视这一基础性工作，积极创新法治宣传教育方式，把推动全社会增强法治素养作为其工作的重要内容。

——在全国率先制定法治宣传教育条例，全面检查相关法规和“六五”普法决议的执行情况。审议省人大常委会执法检查组关于检查《安徽省人民代表大会常务委员会关于第六个五年法制宣传教育的决议》实施情况的报告，牵头组织以“弘扬宪法精神、建设法治安徽”为主题的“江淮普法行”活动，推动宪法法律和国家根本政治制度的宣传教育深入开展。围绕推动“谁执法谁普法”普法责任制的落实，听取审议报告，进行满意度测评，并依法做出决议。

——审议省政府关于建立和实施普法责任制工作情况的报告。普法教育是一项持续而长久的工作。为有效推动这一工作，省人大对省政府关于建立和实施普法责任制工作情况的报告进行满意度测评，并依法做出决议，同时与有关方面共同召开全省性会议做出部署，要求全省各级国家机关加强组织领导，发挥表率作用，切实把普法责任制工作落到实处。

——加大人大工作人员的业务素质培训。全面完成省人大代表、县级以上人大常委会组成人员和机关干部三年全员轮训一遍的目标，并对部分乡镇人大专职主席进行培训，累计培训28期8 086人次。市县人大也对市县乡三级人大代表和乡镇人大主席进行培训。各级人大代表和人大干部的法治观念、履职本领得到明显增强。

——制定了《安徽省宪法宣誓制度实施办法》，牵头组织拟任命人员法律知识考试。第一次组织95名已任命的国家机关工作人员集中向常委会述职，侧重报告依法行政、公正司法情况。常委会对述职报告认真负责地进行审议，对政府组成部门主要负责人和“两院”负责人报告的审议意见逐人进行反馈，并分别抄送相关部门。通过多种方式，促进国家机关工作人员增强法律意识和法治观念。

二、依法行政工作

2015年，安徽省各级行政机关深入贯彻落实党的十八大和十八届三中、四中、五中全会精神，认真学习贯彻习近平总书记系列重要讲话精神，依法全面履行政府职能，坚持科学民主决策，大力提升政府立法质量，积极推进公正文明执法，依法行政和法治政府建设取得明显成效。

（一）政府立法工作

立法工作是依法行政的基础。2015年，安徽省高度重视行政立法制度建设，在重点领域加强立法，不断改进立法工作，立法质量明显提升。同时，高度重视立法协商制度建设，完善相应的立法机制，在推进科学立法、民主立法方面迈出新的步伐。

——加强重点领域立法。紧紧围绕安徽省全面深化改革的总体目标和重点领域改革的决策部署，充分发挥地方立法在经济社会发展中的引领、推动、规范和保障作用。全年提请省人大常委会审议地方性法规6件，制定、修改政府规章6件。

——加强民主立法。安徽省深入推进科学立法、民主立法，不断拓展公众参与立法工作的渠道，所有立法草案均通过媒体等渠道对外公布，广泛征求社会公众意见。《安徽省城市公共交通条例（草案）》等涉及民生的立法草案，专门组织召开听证会，听取群众代表意见。建立基层立法联系点制度，通过基层联系点收集群众对政府立法的意见，听民声、集民智不断提高立法质量。

——加强政府立法协商制度建设。省政府主动与省政协沟通协商，建立政府立法协商机制，与省政协办公厅联合制发了《政府立法协商工作规则》，取得了非常好的成效。

（二）领导干部及执法人员学法培训工作

2015年，全省上下都非常重视领导干部和执法人员依法行政能力与意识的提升，通过法学理论以及制度学习，丰富领导干部和执法人员的法律知识，提升法治思维能力，推动安徽的法治化进程。

——加强依法行政的组织领导。召开全省推进依法行政工作领导小组第七次会议和推进依法行政加快法治政府建设座谈会，对全省依法行政工作进行研究部署。进一步完善考核机制，制定《安徽省人民政府2015年度依法行政考核方案》，并在《安徽省地方党政领导班子和领导干部综合考核评价实施办法（试行）》中强化对市县党政领导班子和领导干部依法行政、法治政府建设的考核，考核的引领和带动作用正在日常行政实践工作中逐步显现。

——重视领导干部依法行政培训。将加强对领导干部依法行政培训作为干部教育工作的重要内容，列入年度工作计划，纳入各级党校、行政学院、干部学院的重要教学内容。举办全省领导干部“学习贯彻党的十八届四中全会精神，全面推进依法治省”专题培训班，各市、县（市、区）党政主要负责同志，省直单位主要负责同志约340人参加培训。举办全省领导干部依法行政专题培训班，各县（市、区）政府分管负责同志、各市及省政府法制机构负责人200余人参加培训。结合新修订的《行政诉讼法》，组织开展全省行政诉讼法专题培训，市、县、省政府部门及法制机构工作人员300余人参加培训。

——普遍性的公务员依法行政知识培训。在公务员录用考试中设置专门的法律考试科目，在公务员初任、任职、专门业务和在职等四类培训中设立依法行政知识专题。2015年，安徽省通过各种方式参加依法行政培训的公务员达15万人次，省本级专题培训2 500余人次。依托安徽干部教育在线平台，积极推进公务员在线学法，不断扩大依法行政培训的覆盖面。组织全省行政机关公务员开展学法用法知识考试，考试结果作为公务员年度考核的重要内容。全年全省各级行政机关累计上线考试149 687人，通过率达97%。

——各部门研究出具有本部门特色的培训方式。各执法部门已经认识到对本部门执法人员的法律知识培训和法律思维培育的重要性。如省食品药品监督管理局将2015年确定为“食品药品监管能力提升年”，制定了《2015年全省食品药品监管能力建设工作方案》，共分为“省市县食品药品监管机关三级同步执法能力大讲堂”“食品药品骨干专业化分类培训班”“基层食品药品监管业务大轮训”三个板块，全年参加能力提升培训人员达到12 000人。

（三）清单编制工作

2015年安徽省全面公布并运行政府权力清单、责任清单。全省16个市、105个县（市、区）、1 251个乡镇政府和252个街道办事处权力清单和责任清单全面公布，在全国率先实现省市县乡四级政府“两个清单”全覆盖。权力事项、责任事项、追责情形“三位一体”的权责体系初步形成。与此同时，建立完善权力事项增减调整动态管理机制，结合法律法规立、改、废和衔接落实国务院取消下放权力事项的情况，对省政府33个部门的240项权力事项进行了动态调整。

——省市县三级均大幅度简政放权。各级政府、各部门对行政权力事项进行自查梳理，逐条逐项分类登记，以列举方式，形成清单。经过清理，省级政府保留权力事项1 712项，精简了68.3%；市级政府平均保留2 118项，精简了53.5%；县级政府平均保留2 560项，精简了33.6%；乡镇政府平均保留150项左右。

——依法确责，坚持权责一致。各级政府、各部门按照“有权必有责、用权受监督、失职必追究”的要求，对照权力清单，并结合权力事项的运行过程和阶段，逐条列明责任事项和追责依据，与权力事项进行无缝对接，形成有权必有责。针对保留的权力事项，省级政府列出1.2万余条责任事项、2.1万余条追责情形；市级政府平均列出1.3万余条责任事项、2.2万余条追责情形；县级政府平均列出1.5万余条责任事项、2.6万余条追责情形。

——尝试建立新的清单制度。滁州市除建立“三清单”之外，还在苏滁现代产业园尝试建立“负面清单”，梳理外商投资准入特别管理措施负面清单214项。亳州市编制公共服务事项清单，梳理行政机关、事业单位公共服务事项，梳理较为普遍的群众诉求事项，确立了1 086项服务事项，并且全部实现了网上办理。芜湖食品药品监督管理局确定行政权力129项，并对这129项权力一一制定责任清单，明确每一项行政权力对应的责任事项、责任事项依据、责任情形和追责情形依据等。

（四）依法决策机制的建立健全工作

依法决策是依法行政的起点，是法治政府建设的重要环节。2015年安徽省完善了相关的依法决策制度，严格要求依照法律程序对重大事项进行决策，加快推进决策的法治化进程。

——健全合法性审查机制。出台《安徽省人民政府重大事项合法性审查程序规定》，省政府完成重大事项合法性审查605件。强化规章、规范性文件的审查监督，全年备案登记各设区市、省直管县政府和省政府各部门报送备案的规范性文件646件，依法受理有关组织、公民提出的异议审查申请7件。

——进一步完善行政决策程序。在2014年颁布的《安徽省人民政府关于进一步规范政府系统重大事项决策行为的意见》的框架下，继续推进决策的科学化、民主化、法制化。各市、县政府以及其他部门也通过修改工作规则或出台专门规定等形式，制定和完善决策的规则和程序。如淮南市制订了《淮南市重大行政决策程序规定》，对决策的立项、执行、监督等环节进行全面规范，有效推进了决策的民主化、科学化、法制化建设。

——认真落实重大决策听取意见制度。各级行政机关在编制土地利用规划和城乡规划、土地房屋征收补偿、重点工程建设等涉及公共利益和群众切身利益的重大决策事项时，普遍采取召开座谈会、听证会、论证会或者网上征求意见的方式，广泛听取社会公众意见。省财政厅通过建立健全财政工作集体决策制度、与省人大代表和政协委员联系制度、重大预算事项专家评估制度等，提高决策的透明度。芜湖市食品药品监督管理局在全省率先成功开展食品药品监管事权划分工作，2015年全面实施食品药品“一大三小”专项整治，均广泛征求了各方意见。

——严格执行重大决策合法性审查制度。在省、市、县（市、区）政府普遍建立了法制机构负责人列席政府常务会议制度的前提下，省和大多数市、县（市、区）政府都成立了法律顾问团（组），省政府法制办还增设了合法性审查处。重大决策事项在提交会议审议前，由法制工作机构和法律顾问提出合法性审查意见，作为决策的重要参考。芜湖等市规定，政府常务会议做出重大决策前，须经市政府法制办进行合法性审查，未经审查或者审查不合格的，不得提交会议讨论。

（五）行政审批制度改革工作

2015年安徽省继续依照国务院规定，从省政府到各个厅局，都对行政审批事项的取消和下放进行严格对接。认真做好相关工作，将国务院的规定真正落到实处。

——积极对接国务院的决定。国务院决定取消的66项非行政许可审批事项，安徽省有对应事项5项，全部予以取消；国务院决定调整为政府内部审批的84项非行政许可审批事项，安徽省有对应事项18项，全部调整为政府内部审批事项。

——加强行政审批中介服务管理制度建设。制定《安徽省行政许可中介服务管理办法》。开展行政审批中介服务事项清理，对60项涉及省级政府行政权力的中介服务事项进行清理规范，有效解决了行政审批中介服务环节多、耗时长、收费乱、垄断性强、利益关联密切等问题。

——加强下放权力的监督。省环保厅在去年取消和下放了一批行政审批事项后，对下放的权力运行状况予以跟踪督察，并加强对市级环保部门的业务指导，确保转移、下放的权力事项能够接得住、管得好。同时，为进一步推动和深化行政审批制度改革，省环保厅又结合环保部调整的环评审批权限、重新修订的建设项目环评分类目录以及省政府投资核准目录的新要求，在去年下放审批权限基础上，再次对环评审批权限予以下放，优化办事程序，推动建设项目审批提速增效。

（六）政务服务中心建设工作

2015年安徽省继续推进政务服务中心建设工作，促进多部门联合办公，简化行政办事环节、完善服务流程，真正让百姓感受到便捷。同时，积极运用互联网技术，推进网上办事大厅建设。

——省政务服务中心更加便民高效。为贯彻落实国务院办公厅和省政府要求，2015年初，安徽省人民政府启动了政务微博、微信平台建设。省政府政务微博、微信综合服务平台以省政府网站为主导和依托，由省政府办公厅主管主办，省新媒体集团成立的专门团队进行开发和日常运行维护。该综合服务平台分为两大功能板块，一是前台信息发布平台，通过“安徽省人民政府发布”微博、微信新媒体频道页（含手机站点）和“安徽省人民政府发布”政务微博、微信，实现信息发布和政民互动功能，覆盖PC端与移动端；二是后台工作平台，为信息发布平台的日常运行维护提供技术支撑和内容保障，并与各市、县（市、区）人民政府及省直各部门保持连接，实现信息报送、留言办理、审核发布、催办督办、统计通报、舆情收集等功能。

——地方各级政府创新性推进政务服务中心建设。如亳州市积极探索“互联网+政务服务”新模式，持续优化市县乡村四级网上办事大厅平台。在业务上，以政府权力清单和责任清单为基础，将权力清单中行政审批、行政确认、行政备案、行政给付、行政验收、行政年审、审核转报类权力和公共服务类事项“一网揽尽、应进尽进”。在工作机构上，构建了横向到市县（区）的直属部门、纵向到市县（区）镇村的协同办事体系。在服务对象、地域和时间上，无论是公众、企业法人还是其他社会组织，无论何时何地，只要连入互联网，就可以快速申办行政审批和公共服务事项。在数据整合上，加快推进亳州市数据中心建设，整合44家单位6.5亿条数据资源，构建人口数据库、法人数据库和电子证件照数据库，实现了全市数据资源的整合共享。在运行监督上，设立电子监察系统，实现了对每个审批事项全过程的实时在线监督，实现权力运行公开透明、网上留痕、全程监控，办事人与经办人员“零接触”。

（七）执法制度的改革和创新工作

为了提升执法效率，2015年安徽省大力推进执法体制改革，探索拓展相对集中行政处罚权工作领域，并取得了一定的成效。

——指导蚌埠市在公共资源交易管理领域开展相对集中行政处罚权的试点工作。将交通运输、住房城乡建设、水利、财政等相关部门在公共资源交易领域的有关行政处罚权，集中由公共资源交易监督管理局统一行使，从而提升了公共资源交易监管水平。

——对执法制度在一定范围内进行创新。2015年安徽省确定了合肥等8个市、省公安厅等6个省政府部门作为规范行政执法重点联系单位，指导有关市和省政府有关部门试点建立执法全过程记录、行政执法操作流程、重大执法决定法制审核、行政执法信息化建设和信息共享、行政执法责任制等制度。省公安厅的执法全过程记录制度、阜阳市的柔性执法、省工商局的重大行政执法决定法制审核等试点工作取得了积极的成效。行政处罚更加规范，省政府37个行政执法部门制定公布了本系统的行政处罚裁量基准。如省环保厅制定并实行了《安徽省环境保护厅环境违法案件查处分离工作规则》和《安徽省环境保护厅行政处罚自由裁量权细化标准》，规定了调查部门和审查部门的职责，明确了执法程序，并针对不同种类、不同程度的环境违法行为，合理确定处罚额度，切实做到公开公平公正。

（八）行政复议工作

行政复议具有维护当事人自身权益与行政监督等多重功效。2015年，安徽省各级政府、各部门都非常重视行政复议工作，通过行政复议强化对工作的监督，规范行政行为，促进政府依法行政建设。

——继续加大行政复议的纠错力度。2015年，全省各级行政复议机关共收到行政复议申请8 713件，依法受理7 440件，审结7 431件，已审结案件中做出维持决定的4 606件，直接和间接纠错的2 350件，综合纠错率为31.6%。其中，省政府共收到行政复议申请592件，受理533件，审结448件，在已审结案件中，做出维持决定的350件，直接和间接纠错98件，综合纠错率为21.88%。

——各级政府、各部门增强行政复议能力，切实维护法律的严肃性。如省环保厅为了保证行政复议的质量，严把案件办理“事实关”“法律关”，坚持实地调查核实并确认；对重大复杂案件召开听证会进行审理；对于行政工作中存在的违规情形，坚决予以纠正，绝不袒护；坚持合法、合理、合情办案，力争实现法律效果与社会效果相统一；坚持运用和解与调解的方式，有效化解行政争议，维护社会稳定。多措并举案件办理质量得到进一步提高。

——畅通行政复议渠道。如省国土资源厅成立行政复议委员会，对重大复杂的行政复议案件实行集体审议。自2011

年以来，共受理行政复议案件200余件，经过审理维持原具体行政行为的约占总数的30%，撤销、确认原具体行政行为违法及责令履行法定职责的占40%，驳回行政复议申请、经协调终止审理等其他处理的约占30%。同样，除了极少数事实清楚、争议不大的案件，其他案件都进行实地调查，并以“协调在先，裁决在后”为理念，充分发挥行政复议定纷止争的作用。

（九）“两法”衔接工作

实行行政执法和刑事司法的衔接，有助于遏制执法部门“以罚代刑”的行为，对于规范行政执法行为，防止行政权力滥用具有十分重要的意义。2015年，安徽省继续推进“两法”衔接机制建设，在衔接工作落实方面取得了不错的成绩。

——省环保厅在2014年的衔接工作框架下，进一步加强“两法”衔接机制的建设。2015年6月，省环保厅联合省高院、省检察院、省公安厅印发《安徽省环境保护行政执法与刑事司法衔接配合工作实施意见（试行）》，指导各级环保、公安部门建立联动机制，实现行政执法和刑事司法无缝衔接。在具体工作中，一是建立联络员制度，负责办理案件移送、执法联动以及协调配合过程中的信息沟通与联络。二是建立联合会议制度，每季度召开一次联席会议，通报工作情况、协调解决难题，强化工作衔接。建立重大案件会商督办、执法联动和信息共享机制，对案情重大、复杂、社会影响大的环境污染违法犯罪案件，指派专人负责，加强协调联系，进行案件会商、开展联合执法、实施挂牌督办。及时通报环境污染犯罪案件的线索和办理动态，统筹部门间的沟通合作，制定相应的工作计划和措施。三是加强协调配合，做好案件移送工作。做到发现一起，查处一起，移送一起，形成打击环境违法犯罪的合力。

——由“双打”工作领导小组牵头，省文化厅制定下发了《安徽省打击侵权假冒领域行政执法与刑事司法衔接信息共享平台管理办法（试行）》和《安徽省打击侵权假冒领域行政执法与刑事司法衔接工作实施办法（试行）》，建立了双打领域行政执法与刑事司法衔接信息共享平台，对执法活动中发现的涉嫌犯罪案件，按照规定移送公安机关办理。

——各市、县（市、区）根据自身需求，也相应建立“两法”衔接机制。如合肥市从2011年开始，陆续开展打击侵权和假冒伪劣领域的“双打”专项行动、“危害民生刑事犯罪”专项立案监督活动、“破坏环境资源和危害食品药品安全犯罪”专项立案监督活动，多个行政执法部门以此为契机，相继与市检察机关会签了《关于加强合肥市工商行政执法与刑事司法衔接配合工作若干问题的实施意见》《贯彻落实〈关于在破坏环境资源和危害食品药品安全犯罪专项立案监督活动中加强协调配合的通知〉的实施意见》等规范性文件，明确了移送标准，规范了移送程序。同时，通过召开工作会议、联席会议，走访行政执法机关、核查卷宗及登记台账，组织执法人员培训等方式，推进“两法衔接”工作有序开展。

（十）案卷评查工作

案卷评查工作是行政部门进行自我检查的又一重要手

段。2015年，安徽省继续推进案卷评查工作的开展。通过对案件的再次复查，纠正执法过程中的问题，提出相应的整改意见，不断提高行政水平。

——省政府高度重视案卷评查工作。省政府对2014年度涉及民生领域执法的文化、水利、地税等行政处罚案卷进行评查，共抽取案卷287卷，发现各类问题90多个，对评查结果进行通报，并责成相关执法部门对存在的问题进行纠正和整改。

——各部门有序进行行政案卷自我评查活动。如省质监局为规范行政执法行为，提高行政执法质量，一直坚持多种形式的行政执法案卷评查工作。全面开展行政处罚和行政许可案卷评查工作，按自查、抽查、整改、总结四个阶段组织实施，并对案卷评查工作开展情况、存在问题和整改建议在全系统进行通报，有效促进了行政执法工作质量的提升。

——各市根据自身需求建立相应的行政执法案卷评查机制。如合肥市采取自评、集中评查和重点抽查相结合的方式，全面评查行政处罚、行政许可和行政复议案卷，实现案卷评查常态化。丰富评查主体，抽调市直部门业务骨干、案卷评查员、特邀行政执法监督员等组成评查小组。建立多样化评查模式，将随机选卷、评查员轮流评阅、分项独立评查、现场反馈等方式结合，增强评查效果。

（十一）政府信息公开工作

政府信息公开是对政府权力的有效监督，对促进政府依法行政具有积极的作用。2015年安徽省继续推进政府信息公开制度的建设、落实和完善，努力实现“让权力运行在阳光之下”。

——全面推动政府信息公开工作。2015年安徽省深入实施《安徽省政府信息公开办法》，围绕创新、协调、绿色、开放、共享的发展理念，紧扣全省调结构、转方式、促升级的行动计划，坚持把信息公开作为政府施政的基本准则，着力提高经济社会发展重点领域、重要工作的公开透明度和公众参与度，切实提升信息公开的质量和实效。深入推进权力清单、责任清单、财政资金、公共资源配置、公共服务、公共监管等领域的信息公开，及时主动做好解读回应工作，充分保障人民群众的知情权、参与权、表达权和监督权。2015年全省主动公开政府信息238万条，比上年增长9.6%，其中，规范性文件96 441条，机构领导、机构设置及人事信息121 509条，政府文件97 421条，行政执法信息177 692条，规划计划、统计信息41 201条，财务预决算、财政专项经费使用和“三公”经费信息74 567条，招标采购信息93 473条，应急管理信息13 933条，审计信息6 071条，重点领域信息562 104条，其他信息114.4万条。

——各市县加强政府信息公开制度的完善工作。如铜陵市出台了《铜陵市人民政府信息公开办法》，以财政预算和“三公”经费为重点，加大重点领域政府信息主动公开，同时建立了复杂、敏感政府信息发布协调制度。积极探索发挥政务微博、网络论坛等新兴媒体在信息公开中的作用，大力推进信息公开查阅点建设，进一步扩大政府信息公开的群众受益面。

（十二）行政权力监督工作

推动依法行政建设离不开多层次的权力监督体系。2015年安徽省在完善传统力量监督体系的同时，积极创新监督模式，深度运用互联网技术，弥补传统监督体系的不足。

——自觉接受人大、政协监督。认真办理人大代表建议和政协委员提案。2015年，省政府有关部门和单位共承办省十二届人大四次会议代表建议951件，办理省政协委员提案986件。人大代表建议所提问题受客观条件限制暂时难以解决的62件，占承办总件数的6.5%。全年省政府及相关部门主动向省人大常委会专题报告工作22次，省政府17个部门主要负责人向省人大常委会作了年度述职，省政府及时组织有关部门对省人大常委会15份审议意见进行认真研究和办理。同时主动听取人大建议意见，并加强工作督查和问题整改，做到“件件有回音，事事有着落”。加强与政协的民主协商，全年与省政协组织实施专题协商活动38场次，就“规范行政执法行为，加强法治政府建设”等议题开展专题协商调研，对协商形成的建议案认真研究办理，及时予以回应，逐项认真落实。

——强化专门监督。完善政府内部层级监督，建立健全常态化、长效化监督制度，加强廉政风险防控，确保廉政建设各项任务落到实处。依法厘清权力边界，严格界定政府权限和责任，真正把权力关进制度的笼子。大力推进预算执行、政府投资、经济责任、国有企业、财政专项资金审计全覆盖。截至2015年底，全省共审计和专项审计调查6 486个单位，查出违规问题金额266.21亿元，管理不规范金额2 144.03亿元，为国家增收节支162.46亿元，为被审计单位挽回或避免损失30.38亿元，移送司法、纪检监察等有关部门处理案件140件。

——主动接受社会监督。充分发挥人民网网友留言、省长热线、省长信箱等省政府联系群众的桥梁纽带作用，全年办理人民网网友给省长的留言2 782件，较上年增加1 163件，增长71.89%；省长热线接听群众有效投诉电话2 200余件，下发《省长热线电话督办单》360余期，办结率100%，群众满意率超过90%；省长信箱共受理信件9 070件，回复有效信件4 489件，依法依规解决了一批事关群众切身利益的突出问题。

——依法接受司法监督。支持人民法院依法受理行政案件，尊重并执行人民法院生效判决。落实行政机关负责人出庭应诉规定和要求，建立行政机关依法出庭应诉办法和规则。2015年，省政府本级共出庭应诉146次。

（十三）普法工作

2015年，从省政府到各厅局、市县，都采取不同的形式积极进行普法工作，为依法行政创造良好的法治环境。

——省政府强化普法工作。2015年是“六五”普法规划的检查验收年，也是“七五”普法规划的科学谋划年。为深入推进普法工作，省政府将“谁执法谁普法”普法责任制落入实处，以考核方式进行监督检查，有力地推进了法制宣传教育工作。同时，在2014年基础之上，继续开展“江淮普法行”“法律六进”等法治集中宣传活动，并以此为基础，不断创新普法形式，扎实开展基层普法工作。

——省环保厅开展宣传教育活动，提高全社会环保意识。省环保厅以宣传贯彻新《环境保护法》为主线，以“法律六进”活动为载体，按照“谁执法谁普法”的要求，落实主体责任，开展形式多样的主题宣传活动，在公共场所播放环境公益短片，在秸秆禁烧、冬季采暖、枯水期等特殊时间和节点上，有针对性地宣传环保法律和科普知识，传播科学的环保知识，提高全社会环境保护法制意识，努力形成良好的社会氛围。

——合肥市审计局建立“审计普法流动站”，推进普法工作。合肥市审计局不断创新普法工作理念，拓宽普法工作思路，根据审计现场时间长、与各单位接触最直接、更有针对性的特点，将审计现场作为普法宣传教育的阵地。同时开拓创新，丰富流动普法形式。充分利用审计进点会、现场审计、征求意见会、审计整改检查等，将普法宣传工作贯穿落实到每个审计现场，深入到每个审计环节。向普法对象赠送《宪法》《审计法》《审计法实施条例》《经济责任审计法律法规》和《内部审计法律法规汇编》等读本和法律法规书籍，发放审计知识问答、解读《审计法》及《审计实施条例》的宣传单页和面对面的解读，审计现场说法、就案说法等，不断丰富流动普法形式。

（十四）依法行政的考核工作

深入开展依法行政示范单位创建活动，认真做好年度依法行政考核工作。强化考核的纠错机制，突出考核的引导作用。2015年，全省继续采取自查、复查、公众测评、日常考核相结合的方式，对政府行政工作予以全方位的考察。具体考核内容覆盖面广，重点对依法履行职能、健全依法决策机制、加强制度建设、规范行政执法行为、行政权力的监督制约、社会矛盾化解、加强法治能力等方面予以考核。

（十五）“制度+技术”对依法行政的推动

随着技术水平的发展，依法行政的制度建设对技术的依赖性越来越高，特别是伴随国务院出台《关于积极推进“互联网+”行动的指导意见》后，全国各地纷纷推动互联网与各领域的深入融合和创新发展。无论是从推进法治政府建设的宏观层面，还是在规范行政执法行为的具体操作层面，都需要以技术为支撑来推进行政行为的信息化、规范化、一体化。

——省政府高度重视“互联网+行政执法”的推进工作。在全国率先开展“互联网+城市”“互联网+民生”等领域的全面探索。2015年，省政府办公厅印发《关于加强社会服务管理信息化建设的指导意见》，推广芜湖市经验，坚持以信息化为支撑，以网格化为基础，以社会化为方向，着力解决好信息共享、网格化管理、部门联动、治理创新、公众参与、信息安全等问题，努力走出一条体现时代特征、富有安徽特色的社会服务管理新路子。

——省政府借助信息技术的快速发展，重构政府权责的治理方式。2015年，安徽省在全国率先推行“互联网+权力清单”“互联网+责任清单”全覆盖，正式上线试运行政府权力清单，包括政府权力项目库、电子政务大厅、政府权力网上运行办事平台、电子监察平台和法治监督平台“一库四平台”，用互联网思维重构政府权责和治理方式。

——各部门、各级政府也进行相应创新。省高院充分利用云计算、物联网、移动互联网等新兴技术，全面建设具有安徽特色的“审判管理综合业务云平台”；宣城市打造“智慧城管”，平台运行以来，一批城市管理的热点、难点问题和影响市民切身利益的问题得到有效解决；安庆市利用云技术等手段打造应急指挥平台，逐步成为集“情报信息汇总中心”“突发事件处置中心”“社会联动指挥中心”和“市长热线服务中心”等综合能力为一体的应急指挥中心，实现了从被动应付到主动应对、从经验处理到科学处置的转变。

三、审判工作

2015年，安徽省各级法院受理各类案件782 921件，同比上升33.2%，案件数量为历年最高，位列全国第七位。其中，省高院受理12 977件，同比上升43.4%，位列全国高院第五位。全省法官人均办案101件，生效裁判服判息诉率达99.1%。

（一）依法审理刑事案件

坚持宽严相济刑事政策，全面加强刑事审判工作，推进平安安徽建设。2015年，全省各级法院审结刑事案件42 650件，判处罪犯50 283人。

——严惩严重危害社会治安犯罪。审结故意杀人、故意伤害、抢劫、强奸、绑架、盗窃、黑社会性质组织等犯罪案件12 629件，判处罪犯16 633人，切实增强群众安全感。其中，判处五年以上有期徒刑至死刑的有894人。

如依法审理武钦元重大恶性案件：公安机关侦破武钦元系1996年杀害韩某（于英生妻子）的凶手。芜湖中院以强奸罪判处武钦元死刑，剥夺政治权利终身。一审宣判后，武钦元提出上诉。省高院经依法审理，裁定驳回上诉，维持死刑判决，并依法报请最高法院核准。

又如依法审理“零口供”的王勇诱骗强奸案：王勇通过在多个中学的网络贴吧上发帖、网络聊天等方式，诱骗、逼迫女学生到指定地点与其见面，采用暴力、胁迫手段强奸女学生16人，其中不满14周岁的幼女8人。王勇还对向被害人父母告知实情的某文具店老板进行敲诈勒索，并犯寻衅滋事罪。王勇在一、二审期间拒不认罪，芜湖中院、省高院经审查认定本案被害人陈述、现场勘验检查笔录、证人证言等证据之间相互印证，证据链完整，证据确实充分，以强奸罪判处被告人王勇死刑。经最高法院核准，芜湖中院依法对王勇执行死刑。

再如依法审理安徽省首例以铊投毒伤人的陈玲案件：陈玲通过互联网购买了铊化物，并两次伺机将铊化物投入被害人饮用的饮料和茶水中，致被害人因铊中毒出现严重中毒性脑病症状。经鉴定被害人为植物生成状态，评定为一级伤残。鉴于陈玲审判时系怀孕的妇女等情节，安庆中院以故意伤害罪判处陈玲无期徒刑。一审宣判后，陈玲提出上诉。省高院依法维持了一审的刑事判决。

——严惩腐败犯罪。始终保持惩治腐败的高压态势，审结贪污贿赂、挪用公款等犯罪案件1 181件，判处罪犯1 587人[①]。同时加大对行贿犯罪的打击力度，判处罪犯318人，同比上升40.1%。其中，被告人原为厅局级干部以上的10人。如依法审理陈安众受贿案：陈安众利用职务便利，为多家公司和个人提供帮助，直接或者通过特定关系人先后200余次非法收受财物，共计折合人民币810余万元。案发后，陈安

①由于一些案件处在人民检察院审查起诉阶段，尚未起诉至人民法院；一些案件处在人民法院审理阶段，尚未审结。因此，人民法院公布的审结贪污贿赂等犯罪案件数据，与检察机关公布的查办案件数据存在差异。

众如实供述犯罪事实，主动交代办案机关尚未掌握的大部分犯罪事实，并积极退缴全部赃款赃物，认罪悔罪。蚌埠中院一审以受贿罪判处陈安众有期徒刑十二年，并处没收个人财产80万元。宣判后，陈安众当庭表示服判。再如依法审理黄小虎案：黄小虎利用职务便利，伙同他人贪污960.1万元，受贿205.5万元；其伙同其他人员将单位财物546.5万元非法占为己有；为谋取不正当利益，向国家工作人员行贿450万元、港币1 133.9万元。淮南中院经审理后认定黄小虎犯贪污罪、受贿罪、职务侵占罪、行贿罪，数罪并罚，判处有期徒刑19年，追缴其非法所得，没收个人财产215万元。一审宣判后，黄小虎服判。

与此同时，从严控制职务犯罪罪犯减刑、假释、暂予监外执行。如罪犯张松坚不予减刑案：省高院在审理张松坚减刑一案时，经审理认为，罪犯张松坚在服刑期间表现较好，但在原判事实清楚、证据充分的情况下，仍否认原判认定的绝大部分犯罪事实，不能认定其“认罪悔罪”，不符合法律规定的减刑条件，依法裁定不予减刑。2015年2月，最高法院首次公开发布8个全国减刑、假释、暂予监外执行典型案例，罪犯张松坚不予减刑案入选为1号案例。

——严惩毒品犯罪。省高院会同有关部门出台办理毒品犯罪案件适用法律的指导意见，审结毒品犯罪案件3 108件，判处罪犯4 067人，同比上升69.6%和56.7%。对该判处重刑和死刑的坚决依法判处，同时加大财产刑的执行力度，剥夺犯罪分子的再犯能力。依法严惩因吸毒诱发的次生犯罪，坚决遏制毒品蔓延势头。如依法审理车景学等重大贩卖、制造毒品案：车景学伙同蒋小亚等人，违反国家对毒品的管制规定，明知是毒品而进行贩卖、制造和非法持有，其中车景学参与贩卖、制造甲基苯丙胺（冰毒）共计99.57千克，被当场查获45.57千克。此外，车景学非法持有仿“六四”手枪一支。亳州中院一审以贩卖、制造毒品罪、非法持有枪支罪，数罪并罚，判处车景学、蒋小亚死刑，剥夺政治权利终身，并处没收个人全部财产；同案其他被告人分别被判处有期徒刑至死缓。一审宣判后，被告人车景学、蒋小亚等提出上诉。省高院依法裁定驳回上诉，维持原判；对车景学、蒋小亚的死刑裁定，依法报请最高法院核准。

——严惩涉众型经济犯罪。与有关部门联合出台办理非法集资刑事案件指导意见，审结集资诈骗、非法吸收公众存款、组织传销等犯罪案件1 403件，判处罪犯2 620人，涉案金额55.6亿元。维护群众合法权益，稳定社会秩序。

如依法审理吴云翔等涉及1 000余人的传销犯罪案：吴云翔等59人组织、领导“中国黄氏顺兴公司”传销组织，先后设立60余处传销窝点，发展传销人员1 000余人，传销金额累计达400余万元。阜阳市颍州区法院一审以组织、领导传销活动罪判处被告人吴云翔有期徒刑七年，并处罚金100万元；同案其他被告人分别被判处有期徒刑一至六年，并处罚金1万元至60万元。一审宣判后，被告人吴云翔等59人提出上诉。阜阳中院依法裁定驳回上诉，维持原判。

再如“4 · 14”特大跨国电信诈骗案：本案是以台湾籍人员为首，在柬埔寨金边市组织的电信诈骗犯罪集团针对中国大陆公民实施的诈骗犯罪。该犯罪集团通过假冒司法机关工作人员、专案组领导等，实施电话诱骗、恐吓，诈骗资金通过网上银行获取。该案受害人多达338人，涉案金额高达3 000余万元，其中和县居民圣某单笔被骗634.7万元。和县法院一审以诈骗罪判处该犯罪集团董滨滨、段席良等4人十年以上有期徒刑，判处34人三年以上十年以下有期徒刑，判处2人三年以下有期徒刑。马鞍山中院二审裁定驳回上诉，维持原判。中央电视台对该案进行专门报道，办案法官应邀走进央视直播现场以案释法。

——严惩危害安全生产、食品药品安全犯罪。从严惩治危害安全生产犯罪以及背后的渎职犯罪，审结相关案件149件，判处罪犯205人，促使安全生产责任制落实，切实保护群众生命财产安全。加大对生产销售伪劣商品、有毒有害食品、假药劣药等犯罪的打击力度，审结案件128件；依法适用禁止令，防范犯罪分子再次危害社会。

——严惩在医疗机构聚众滋事犯罪。依法审理暴力伤医犯罪等案件，如陈儒林故意杀人案：陈儒林在安庆市立医院进行手术，术后其认为医生不负责任用错了药，以检查身体为由，趁该院护士许某不备，用水果刀猛刺许某腹部，致刀刃断裂在许某腹中，并用刀柄及不锈钢圆凳砸向许某头部。经鉴定，受害人许某损伤程度为重伤二级。安庆市迎江区法院审理认为被告人陈儒林行为已构成故意杀人罪（未遂），以故意杀人罪判处其有期徒刑九年。

——严惩侵害妇女、未成年人权益犯罪。坚决打击拐卖妇女儿童、性侵未成年人犯罪行为，审结案件273件，判处罪犯324人。依法打击校园暴力，维护校园秩序。审结家庭暴力犯罪案件381件，依法制裁家庭暴力行为。

——严惩网络犯罪。坚决打击网上造谣、传谣行为，维护网络秩序。依法审结利用网络传播淫秽信息、贩卖毒品、销售违禁物品、非法获取公民信息等犯罪案件586件，决不让网络成为法外之地。如入选2015年度全国“扫黄打非”十大案件之一的“12·20”网络传播淫秽物品案：2014年以来，被告人李峰等人通过网络搜集购买淫秽色情视频、图片、文字达30T，其中，淫秽视频约3万部，并上传至其开设的360云盘，然后以售卖网盘账号密码的方式非法牟利。该案涉及6省(市)、100多名涉案人、80余家淘宝网店。宿州市埇桥区法院以贩卖、传播淫秽物品牟利罪判处李峰有期徒刑11年，并处罚金1万元，追缴违法所得7 000元。

（二）依法审理民商事案件

2015年，安徽省各级法院主动适应经济发展新常态，加强态势分析，出台30条司法应对措施，服务保障“4105”行动计划。全省各级法院依法审结民商事案件443 115件，标的额1 461.7亿元，同比分别上升27.7%和58.2%。一审调撤率达52%。

——促进转型升级。审结投资消费、加工制造、商贸物流、房地产纠纷等案件219 564件，推动战略新兴产业集聚发展。审结借款、票据、保险、信托等案件11 113件，助推金融改革创新。审结企业破产、公司清算、股权转让等案件1 682件，服务传统产业改造提升，实现了法律效果与社会效果相统一。如圆满化解了淮矿现代物流公司重整案：淮矿现代物流有限责任公司向淮南中院申请重整。该案涉及655位债权人，债权金额高达130余亿元，引起中国证监会和社会各界的广泛关注。淮南中院经依法确认债权数额、清收企业债权、多次召开债权人会议等，裁定批准淮矿现代物流有限责任公司以及四个全资子公司重整计划草案，并终止重整程序。该案在审理中，注重做好法律释明工作，最大限度保护债权人权益和企业活力，600余名债权人、500余名职工情绪稳定，无一人上访，金融风险得到有效防范。如今，重整后的企业各类生产经营活动步入正轨，充分体现了人民法院以法治方式保障企业兼并重组的职能作用。

——促进现代农业发展。审结农村土地承包经营权纠纷案件2 953件，依法规范土地流转，盘活农地资源。审结征地补偿费分配、宅基地纠纷等案件1 334件，保护农民合法权益。依法审理涉及农业新技术、植物新品种等案件，支持农业科技创新。

——强化生态环境司法保护。全省101个法院设立了环境审判合议庭，审结资源开发、环境保护等案件5 101件，依法严格追究民事赔偿责任，倡导恢复性司法，除判决被告承担停止侵害、排除妨碍、消除危险、赔偿损失等责任外，还可以判处承担恢复或修复环境责任，使已经造成的环境污染尽快消除。制裁污染、危害环境违法行为，引导、支持社会公众参与环境治理。如依法审理了中国生物多样性保护与绿色发展基金会提起的安徽省首例环境民事公益诉讼案：江苏常州永泰丰化工有限公司将一批含有二氯苯酚、三氯苯酚的危险废物，从江苏常州运到涡阳县标里镇并倾倒在史庄垃圾场，造成当地环境严重污染，经涡阳县法院、亳州中院一审、二审，对涉案的14名被告人以污染环境罪分别判处一至四年有期徒刑，并处罚金。此后，公益性社会组织中国生物多样性保护与绿色发展基金会，向江苏常州永泰丰化工有限公司提起环境民事公益诉讼，亳州中院正式立案受理。

——保护民营企业合法权益。坚持平等保护原则，依法审理涉及民营企业案件，促进各类所有制经济公平竞争、健康发展。审结合同纠纷案件36 048件，保护民营企业合法财产和创新收益。密切关注中小企业融资难问题，审结涉企民间借贷纠纷案件10 779件，保护合法的企业融资行为。制定涉及企业财产保全的意见，慎用查封、扣押、冻结等强制措施，保障企业正常生产经营。充分运用调解手段化解纠纷，营造大众创业、万众创新的良好司法环境。

——加大知识产权保护力度。审结专利、商标、著作权、商业秘密、不正当竞争等知识产权案件3 103件，同比上升114%。强化对企业核心技术和自主知识产权的保护，促进创新驱动战略稳步实施。加强对驰名商标的保护，推动质量品牌升级。审结域名抢注、搜索引擎排名等一批涉互联网竞争案件，为创新行为提供明确的司法指引。推进“三合一”审判机制，首次发布知识产权案件年度报告，增强全社会提知识产权保护意识。

——平等保护境内外当事人合法权益。准确适用法律和国际条约，依法服务开放与发展。审结涉外、涉港澳台案件339件，办理涉港澳台司法协助案件145件。如依法审理新加坡与俄罗斯公司在安徽省的股权转让纠纷案：新加坡正威国际集团有限公司与俄罗斯阿克季夫有限责任公司签订股权转让协议书，约定俄方公司将其在安庆市天柱山旅游养生服务有限公司的全部股权转让给新方公司。在协议履行中，俄方公司以新方公司拖欠股权转让款为由起诉至省高院，诉讼标的额3 438万元。经省高院调解，该案达成和解，为双方企业保留了充分的合作空间。

（三）践行司法为民

司法工作是保障人民群众权益的重要手段之一。2015年，安徽省各级法院坚持人民利益高于一切，通过司法活动，努力实现和维护广大人民的根本利益，践行了“心为民所想，急为民所急，法为民所用，利为民所谋”，取得了良好的社会效果。

——保障涉诉民生权益。审结婚姻家庭案件91 019件，审结消费者权益纠纷案件58 046件，审结人身损害赔偿、劳动争议、教育医疗纠纷等案件97 340件。如依法审理入选最高法院2015年度十大民事行政案件之一的“网络名人”宋祖德发布不实信息、贬低见义勇为大学生案：大学生李本超因抢救落水儿童不幸牺牲。“网络名人”宋祖德发微博称，李本超救人牺牲是“装英雄”。宣城中院开庭审理宋祖德与李本超父母名誉权纠纷案。在法官主持下，宋祖德与李本超的父母自愿达成调解协议。宋祖德为自己在微博上发布不实信息、恶意评论，对李本超名誉造成的不良影响向李本超父母鞠躬道歉，当场支付2万元精神损害抚慰金。加强对弱势群体权益的保护，审结赡养纠纷案件1 459件、留守妇女离婚案件9 717件、拖欠农民工工资案件1 323件。加强涉军维权工作，建立法律服务保障长效机制，全省法院始终坚持“诉内维权、诉外服务”，规范涉军维权审判工作，探索总结涉军维权的安徽模式。成立涉军维权合议庭，畅通涉军案件“绿色通道”。省高院、省军区联合组织开展“司法拥军、互学共建”活动。依法维护军人军属、烈士后代合法权益，审结案件533件。加大司法救助力度，发放司法救助金3 602.3万元，缓减免收诉讼费7 631.3万元，彰显司法人文关怀。

——严格执行新修改的行政诉讼法。审结行政案件10 004件，同比上升60.4%。依法审理征地拆迁、社会保障、环境保护等行政案件，积极回应群众关切，推动法治政府建设。注重纠纷的实质性解决，行政案件协调和解率达23.9%。推动落实行政机关负责人出庭应诉制度，出庭应诉率同比上升21个百分点。推动依法行政与公正司法良性互动，发布行政审判白皮书，提出司法建议620条。

——大力提升诉讼服务水平。坚持大服务理念，全省127个法院全部建成诉讼服务大厅、诉讼服务网和12368诉讼服务热线。2015年11月，中央政治局委员、中央政法委书记孟建柱同志视察安徽，第一站来到合肥中院诉讼服务中心，称赞“大服务”实现了“从后台到前台、从分散到集中、从多点到一点”的优化。2015年2月，全省三级法院统一开通12368诉讼服务热线，提供案件办理进度查询、法律法规咨询、问题举报、工作建议、联系法官等多项服务。截至目前，全省法院共接听热线35 238次，为群众提供了方便快捷的诉讼服务。

与此同时，积极打造全方位、多维度的诉讼服务新模式。整合司法资源，将分散在后台的诉讼服务事项全部集中到前台，实行一站式服务，一体化运行。设立代表委员工作站、律师工作室、诉调对接窗口、小额速裁庭，汇聚社会力量，形成多元化解矛盾纠纷的聚集地。开通网上立案、案件查询等服务，在人民法庭建立诉讼服务工作站，在乡镇、社区设立诉讼服务联系点；在全国法院率先配备移动背包科技法庭，通过携带移动背包庭审设备，到乡镇或村庄及偏远地区搭建临时法庭，开展巡回审理工作，利用现代多媒体技术，对庭审同步录音录像、对审判文书现场打印，并通过4G网络，把现场影像实时传输回法院。移动背包科技法庭的使用，极大方便了偏远地区群众诉讼，做到了审判全程留痕，接受各方监督。最高人民法院周强院长在视察金寨县法院时指出，通过移动法庭信息系统，可以看到几十公里外山区的庭审实况，这一做法值得在全国总结推广。要努力做到人民群众的司法需求在哪里，法院的诉讼服务就跟进到哪里。

——不断加大执行力度。受理执行案件168 248件，执结141 953件，标的额905.6亿元，同比分别上升52.4%、41.7%和79.3%。为有效破解案件执行中查人找物难题，在全省法院大力加强执行指挥中心建设，建成100余家金融机构全覆盖，国土等部门分级联网的省内“点对点”查询系统，与最高法院“总对总”系统和长三角地区执行查控协作网互联共享，其中，各地方法院与当地的银行、房产、国土等联动部门搭建网络平台，建设的查控系统被称为“点对点”。同时，“总对总”系统的建立是为了解决“点对点”查控系统无法在全国范围内普查的问题，最高法院与中央有关部门、各商业银行总行搭建网络平台，建设了全国范围的查控系统。“点对点”“总对总”网络查控系统的开通与运行，大大提升了全省法院执行的质效，安徽省法院执行工作实现零进京上访。2015年，全省发起查询552万次，涉及被执行人19.1万人，查询到存款3 424亿元、房屋29.7万套，并在最高法院执行工作会议上向全国法院进行执行远程查控推介演示。积极借助淘宝网等平台，以电子竞价方式拍卖执行查封财产，成交额37.7亿元，增值率达45.1%，以“阳光操作”的方式最大限度实现财产价值。实行联动惩戒，公开发布失信被执行人62 586人，采取限制高消费、限制出境62 728人次，5 294名老赖主动清偿债务8.5亿元。依法打击拒不执行判决、裁定等行为，追究刑事责任82人，司法拘留1 723人，坚决维护法律尊严和司法权威。

——深入开展法治宣传。充分运用传统媒体和新媒体以案释法，大力弘扬社会主义核心价值观。举办新闻发布会797次，公开发布毒品犯罪、知识产权司法保护、消费者权益保护等典型案例160件。举办法院公众开放日活动992次，走进社区、校园开展女法官百场普法行、百场青少年法治讲座。与新闻媒体合办法治栏目，创作法治题材文艺作品，如合肥中院制作的《天鹅湖畔的灯光》、安庆市大观区法院制作的《铿锵玫瑰 柔情法官》被评为全国法院系统第二届十佳微电影。两部微电影，说微，寓意泻千里；说短，时空越春秋；说理，清流显公平；说情，润物细无声，传递了人民法院公正司法、司法为民的正能量。讲好法治故事，传播法治声音。

(四)严格公正司法

公正是司法最基本的要求。2015年安徽省进一步推动公正司法建设，始终严格要求各级法院将公正作为司法活动必须遵守的原则，同时围绕严格公正司法进行了诸多有益尝试，取得了显著成效。

——加强人权司法保障。坚持罪刑法定、疑罪从无，对11名公诉案件被告人、12名自诉案件被告人依法宣告无罪。坚持公开审判、举证质证、法庭辩论等诉讼制度，保障当事人的知情权、陈述权、辩护权和申诉权，依法为748名被告人指派辩护律师。审结国家赔偿案件197件，保障权利受到侵害的当事人依法获得赔偿。

——加强律师执业保障。依法保障律师的阅卷、出庭、辩护等权利，充分听取、认真采纳律师辩护和代理意见，着力建立常态化互动交流机制。2015年4月，省高院与省司法厅、省律师协会共同举办以“构建法官与律师良性互动关系，共同促进司法公正”为主题的座谈会，并下发会议纪要，决定建立常态化互动交流平台。9月，省高院分别召开全省南、北两片律师代表座谈会，征求律师对法院工作的意见和建议。12月，省法官协会、律师协会等四协会共同召开“推进以审判为中心的诉讼制度改革”主题研讨会。此外，省法官协会与律师协会经常性开展学术交流活动，就加强法律职业共同体建设进行探讨。发出律师调查令[①]892件，保障依

① 2013年，省高院在全国率先制定了民事诉讼调查令实施办法。根据该办法，民事诉讼当事人在自行调查取证难以获得相关证据时，经申请并获人民法院批准，由人民法院签发给其代理律师向接受调查人收集相关证据的法律文书，称之为“律师调查令”。

法调查取证。建成律师诉讼服务网络平台，开通网上立案、查询等多项线上功能，为律师依法履职提供便利。引入律师参与诉前调解、案件评查等，充分发挥律师在化解矛盾纠纷中的作用。

——加强司法公开。深化“三大平台”建设，努力以人民群众看得见的方式维护公平正义。上网公布案件流程信息746 682条，生效裁判文书527 698份，执行信息240 705条，裁判文书上网数量位居全国第五、中西部第一。开通官方微博、微信，加强法院专网、手机APP建设，及时推送案件审判信息。推进庭审全程录音录像，通过视频直播庭审15 872次，同比上升400%。

——加强审判监督指导。审结二审案件39 544件、申诉和申请再审案件3 676件，依法改判4 263件。其中，审结检察机关刑事抗诉案件234件、民事行政抗诉案件159件，依法改判106件。认真执行国家主席特赦令和全国人大常委会决定，依法裁定特赦罪犯1 160人。建立全省法院重大敏感案（事）件处置工作制度，强化对审判权的监督制约。出台劳动争议、医疗纠纷等案件审理的指导意见，统一裁判尺度和标准。开展抗诉、发回改判、审理周期过长、长期申诉信访及存在重大敏感因素案件的“五类”案件专项评查，评查案件4 865件，对其中14件差错案件予以改判。加强案例指导，向社会发布第三批参考性案例，其中有两篇被最高法院确定为指导案例。

（五）深化司法改革

司法改革是司法体系自我完善、自我发展，不断进步的重要保障，在全面深化改革的宏大布局中占有重要地位。2015年安徽省继续深化司法体制改革，取得了良好的效果。

——推进审判工作机制改革。改革审判委员会制度，继续开展“庭审亲历”活动，要求审判委员会委员集体旁听庭审、审判委员会委员参加合议庭、组成专门的委员合议庭审理案件等，健全审判委员会委员旁听庭审及直接参加合议庭审理案件的工作机制，强化审判委员会审理案件职能，努力实现“让审理者裁判、由裁判者负责”。同时，提出对审判委员会的功能定位、组织机构、审理范围、审理方式、落实回避制度、规范责任机制的“六个优化”改革措施，被中央全面深化改革领导小组办公室《改革情况交流》刊发。大力推行院、庭长到审判执行一线办案，全省法院院长、庭长审执结案件24 4731件。探索以审判为中心的诉讼制度改革，强化庭审功能。深入推进涉诉信访改革，实行诉访分离，规范信访终结。全省法院共办理涉诉信访9 715件，其中省高院办理涉诉信访5 847件。

——推进重点项目改革。确定3个中院、7个基层法院，围绕完善司法人员分类管理制度、完善司法责任制、健全司法人员职业保障制度、建立省以下法院和检察院人财物统一管理体制的四项重点改革任务进行试点。采取“考试+考核”的方式遴选法官，563名法官参加首批遴选。在全国法院系统首次开发财物和司法行政管理信息化平台，与省财政厅、省检察院共同探索创设省财政厅归口处为管理主体，在省高院、省检察院设立“法院财务管理中心”和“检察院财务管理中心”，负责办理省财政厅委托的系统预算财务管理具体事务的“一处两中心”的管理运行模式，夯实改革基础。制定《错案责任追究暂行办法》，明确错案发现、认定以及追责程序，对错案实行倒查问责。

——推进立案登记制改革。2015年，安徽省全面落实中央全面深化改革领导小组审议通过的《关于人民法院推行立案登记制改革的意见》，变立案审查制为立案登记制，对依法应当由人民法院受理的案件，做到有案必立、有诉必理，当场登记立案率达97.2%。依法制裁虚假诉讼、恶意诉讼、无理缠诉等行为，维护立案登记秩序。

——推进多元化纠纷解决机制改革。2015年，安徽省为满足社会主体解决纠纷的多样需求，促进社会和谐，积极发挥各类基层组织、社团组织、人民调解组织、行业协会、仲裁机构等诉讼外纠纷解决方式的作用，建立起“党委领导、政府支持、多方参与、司法指导”的矛盾纠纷化解机制，形成化解矛盾、促进和谐的整体合力。建立家事、劳动、物业纠纷等专业性调解中心510个，完善与交通、医疗、保险、侨联等单位和组织的诉调对接机制，诉讼外化解矛盾纠纷64 060件。积极开展在线调解、网上调解，加强对人民调解的指导，依法确认人民调解协议13 460件。

——推进案件管辖制度改革。在皖中、皖南、皖北分片指定6个法院，集中管辖全省一审行政诉讼案件，实现司法审判管辖与行政管理区域相分离，相关改革方案获最高法院批准。在全国首推涉外、涉港澳台商事案件分片集中管辖，完善专利民事案件跨行政区划集中管辖。

——推进人民陪审员工作机制改革。扩大人民陪审员选任范围，全面完成人民陪审员“倍增计划”，全省人民陪审员已达6 202人，增加115%。探索建立人民陪审员信息库，试行随机抽取参审制度，积极拓展参审范围，一审参审率达91.1%。

（六）加强自身建设

2015年安徽省各级法院始终把自身建设摆在突出位置，为更好地履职尽责奠定了坚实基础。全省法院共有18个集体、23名个人受到省（部）级以上表彰，有67个集体、160名个人受到通报表扬。

——扎实开展“三严三实”专题教育。紧贴实际开展专题研讨，纠正思想、工作和作风中不严不实的问题。深入学习贯彻党的十八大和十八届三中、四中、五中全会精神以及习近平总书记系列重要讲话精神，强化理论武装，坚定理想信念。着力加强法院党建工作，以党建带队建，以队伍建设促进审判。广泛开展向邹碧华、何允芝、叶德胜同志学习活动，发挥先进典型榜样的引领带动作用。持续推进机关效能建设，不断改进工作作风。

——深入推进党风廉政建设。认真落实党风廉政建设主体责任和监督责任，明确规定履行责任不到位的11种情形，实行廉政问责。严格执行《中国共产党廉洁自律准则》和《中国共产党纪律处分条例》，严守政治纪律和政治规矩。完善领导干部述职述廉述责、廉政谈话、廉政监察员、风险防控等制度，认真开展司法廉洁教育、纪律作风整顿等活动。强化审务督察，加强和改进司法巡查工作。以零容忍的态度坚决惩治司法腐败，共查处违纪违法案件41件，涉及47人。

——大力提升队伍司法能力。开设安徽法院大讲堂，完善网络化教育培训，通过法官教法官、重大案件点评等方式，着力提高执法办案水平。省高院全年共举办各类培训班27期，培训干警18 449人次。坚持和完善基层锻炼、信访岗位锻炼、跨部门交流锻炼等制度，多岗位、多层次培养人才。组织开展办案能手、优秀裁判文书评选，激励广大法官创先争优。开展全省法院司法警察技能大比武，增强应急处置和警务保障能力。

——强力推进信息化建设。提前半年完成全省法院信息化建设三年规划，实现硬件建设“12个全覆盖”[①]，开发建成决策分析、办案业务等六大类33个应用软件，形成了信息高度聚合、三级互通联动的应用格局。建成科技法庭984个，远程视频接访室127个，推广使用移动背包科技法庭、执行单兵系统[②]，审判执行全程留痕、全程监督。法院信息化建设连续两年入选“安徽省信息化十件大事”。

——不断夯实基层工作基础。深入调研基层法院现状，加大工作指导力度。在各级党委、政府的大力支持下，有效解决基层法院案多人少、人才流失等问题。强化基层法官培

① 指建成覆盖全省法院和所有派出人民法庭的高速专网；覆盖全省法院的高清视频会议系统；覆盖全省所有看守所的远程提讯系统；覆盖全省法院的远程接访系统；覆盖全省法院的云计算数据中心硬件平台；覆盖省、市两级法院的执行查控硬件平台；覆盖全省法院的高清科技法庭；覆盖省、市两级法院的远程监控系统；覆盖全省法院的数字化指挥呼叫系统；覆盖全省法院的12368诉讼服务热线；覆盖全省法院的执行单兵远程指挥系统；覆盖全省法院的电子签章和身份认证系统。

② 通过法院执行指挥中心，将具有GPS定位功能的独立执行车载终端和具有录音录像、存盘、红外线等功能的执行单兵设备，与指挥中心计算机网络进行连接，实现远程集中监控、语音通话、现场指挥、无线传输等功能于一体的“移动多媒体信息平台”。

训培养体系建设，多措并举增强基层办案力量，为基层充实审判人员414人，通过购买社会服务方式配备审判辅助人员1 004人。加强基层经费保障和物质保障，推进“两庭”建设，新建成12个审判法庭、3个人民法庭。健全人民法庭工作机制，充分发挥人民法庭联系群众、方便群众的重要作用，畅通司法服务“最后一公里”。

（七）2015年安徽省法院主要业务工作图示

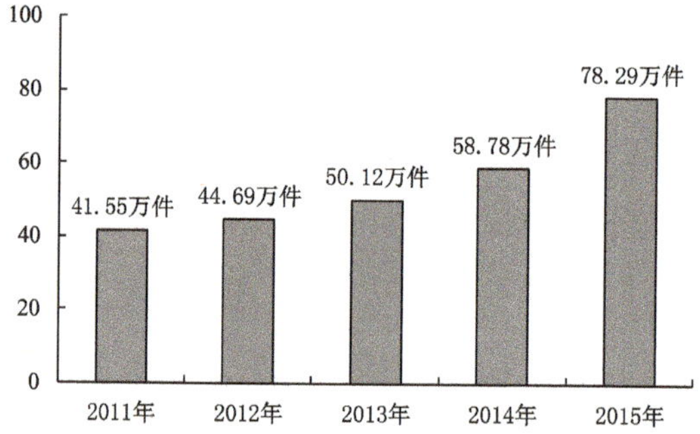

图1　2011-2015年安徽法院案件数量走势

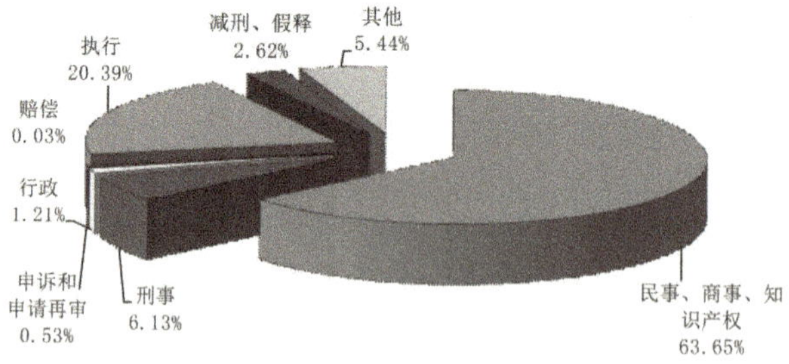

图2　2015年安徽法院各类案件构成

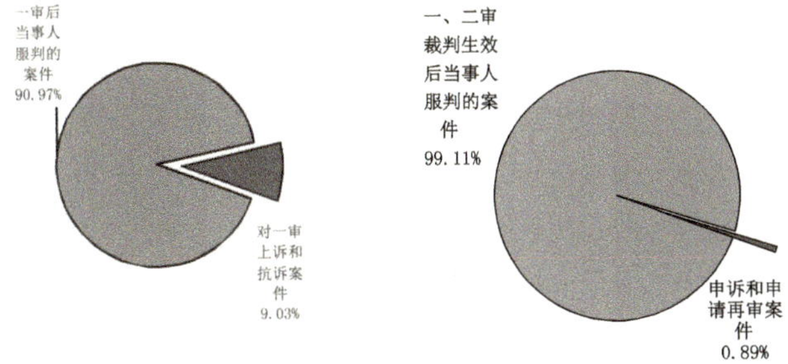

图3　2015年安徽法院案件审判效果

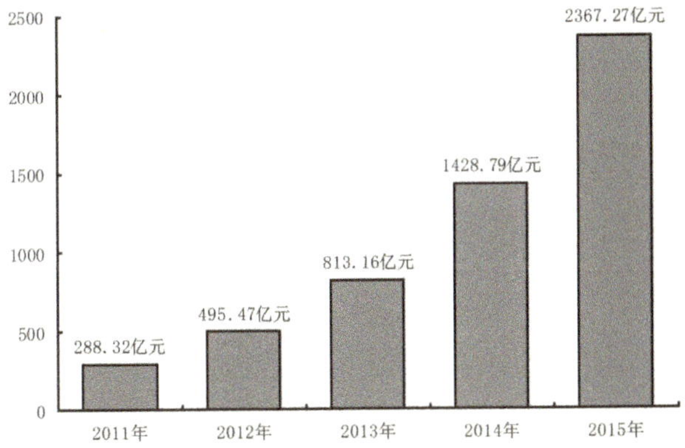

图4　2011-2015年安徽法院案件标的额走势

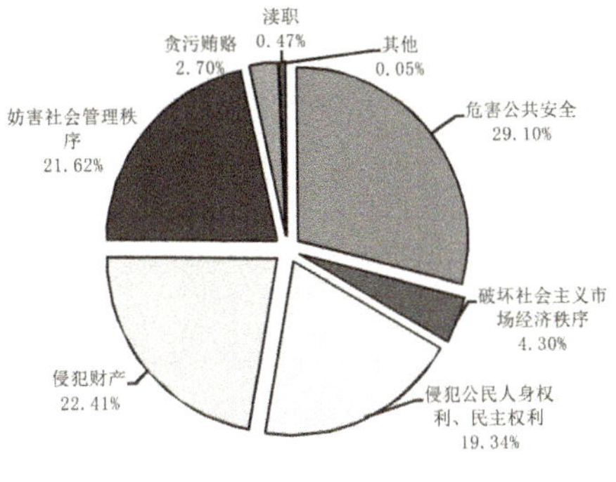

图5　2015年安徽法院刑事案件构成

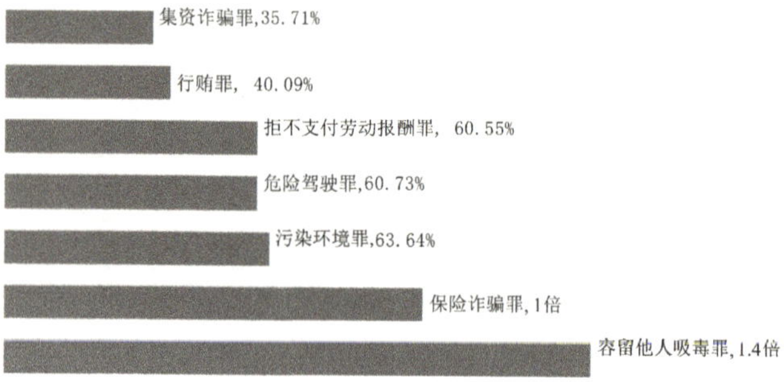

图6　2015年部分刑事案件增长情况统计

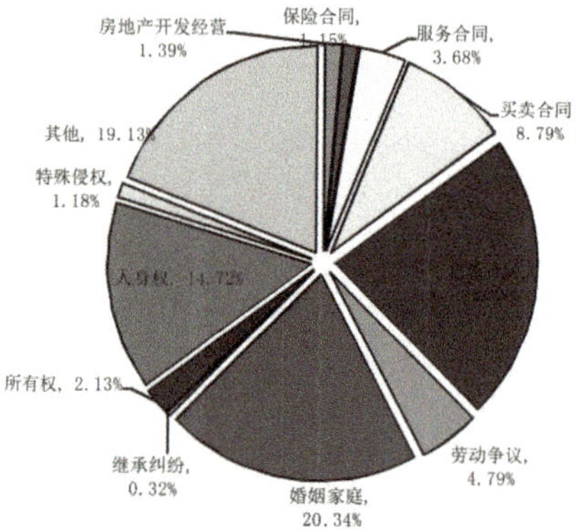

图7　2015年安徽法院民事案件构成

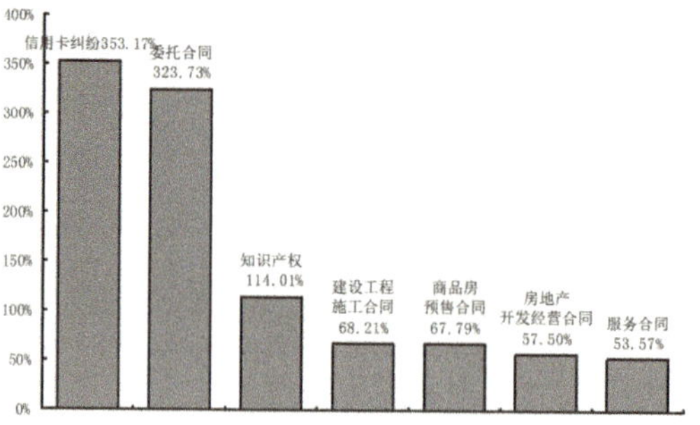

图8　2015年部分民事案件增长情况统计

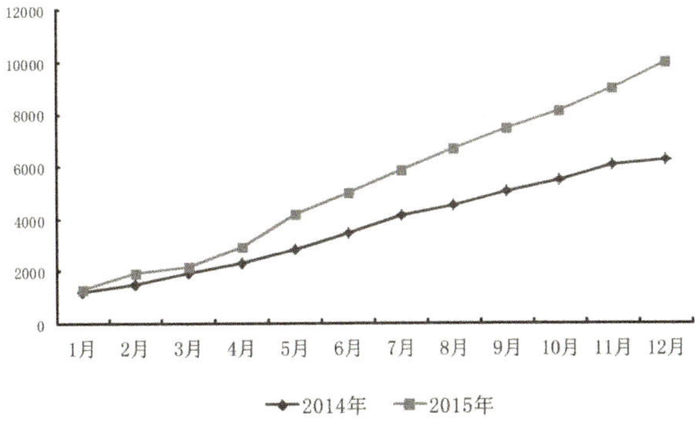

图9　2015年安徽法院行政案件走势

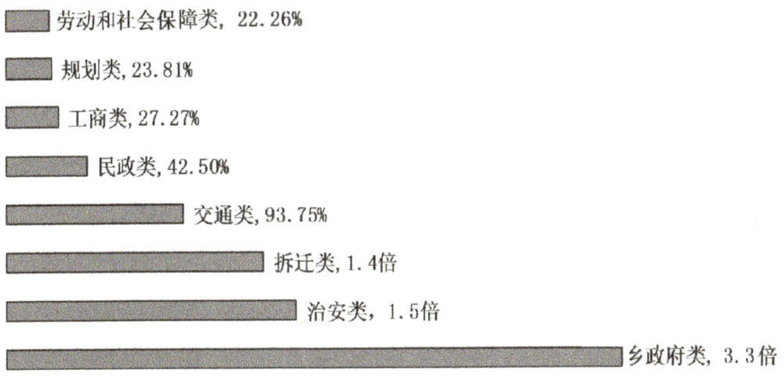

图10　2015年部分行政案件增长情况统计

（八）2015年省高院对省人大代表部分建议办理情况（见表1）

表1　2015年省高院对省人大代表部分建议办理情况一览表

序号	建议内容	办理情况
1	关于设立环境保护专门法庭的建议	已有101个法院设立环境审判合议庭
2	关于保全担保的建议	制定《关于进一步规范涉及企业财产保全工作的意见》
3	关于审判机关同民政部门加强离婚诉讼案件信息共享的建议	与省民政厅联合下发《关于将已生效的改变当事人婚姻关系的裁判文书及时送达民政部门的通知》

续表

序号	建议内容	办理情况
4	关于提高当庭宣判率的建议	已纳入全省三级法院案件质量评估体系，全省法院当庭裁判率已达50%以上
5	关于严惩对儿童的侵害行为的建议	依法严惩拐卖儿童犯罪、性侵未成年人犯罪和虐待儿童犯罪；开展送法进校园活动；根据审判中折射出的问题，向相关部门提出司法建议
6	关于加强司法救助工作的建议	在省财政厅大力支持下，司法救助资金纳入省级预算
7	关于法院系统加强职业良知教育的建议	大力加强思想政治建设，结合实际创新举措，工作方法被省委、最高法院推广交流

（九）2015年省高院发布的规范性文件（见表2）

表2　2015年省高院发布的规范性文件一览表

序号	文件名
1	关于充分发挥审判职能为调结构转方式促升级提供司法保障的意见
2	关于进一步规范涉及企业财产保全工作的意见
3	关于审理劳动争议案件若干问题的指导意见
4	关于审理医疗纠纷案件若干问题的指导意见
5	关于办理毒品犯罪案件具体适用法律若干问题的指导意见
6	关于办理非法集资刑事案件若干问题的意见
7	关于审理拒不支付劳动报酬罪数额较大认定标准的规定
8	关于审理掩饰、隐瞒犯罪所得、犯罪所得收益刑事案件执行的数额标准的规定

（十）审判工作中存在的问题

安徽省高级人民法院院长张坚在《安徽省高级人民法院

工作报告》中提到，法院工作中存在的问题包括：一是全省法院收案数量持续快速增长，疑难复杂和新类型案件大量增加，办案压力和难度越来越大，一些法官办案数量超极限。二是少数案件裁判不公，群众反映的审判效率不高、裁判标准不一等问题有待进一步解决，对规避执行、拒不执行判决裁定行为的打击力度有待加大。三是少数干警的思想观念、司法能力不能适应新形势任务要求，少数干警司法作风不实，极少数甚至违纪违法，严重损害了司法公信。四是司法改革和基层基础工作仍然存在不少困难，在解决的过程中办法不够多、力度不够大。

四、检察工作

2015年，安徽省各级检察院共批准逮捕普通刑事犯罪22 200人，提起公诉43 561人，立案侦查职务犯罪2 074人，提出刑事抗诉260件，提出民事行政抗诉和再审检察建议404件，检察业务工作继续位列全国第一方阵，同时职务犯罪预防、公益诉讼试点、检务保障和科技强检等7项工作在全国检察机关相关会议上作经验介绍。立案查处侵害民生民利的职务犯罪1 209人，严惩群众身边腐败。强化诉讼监督，畅通信访渠道，积极推进司法便民，依法维护群众合法权益，以司法责任制改革为核心的四项改革全面启动，9个试点院改革平稳推进，人民监督员制度改革和涉法涉诉信访改革持续深化。

（一）依法起诉犯罪

2015年全省坚持在大局中谋划和推进检察工作，准确把握大局新需求，及时推出服务新举措，积极为改革发展保驾护航。

——及时跟进省委决策部署，制定实施两个指导意见。为认真贯彻中央、省委决策部署，发挥检察职能作用，服务经济发展新常态，2015年4月，省检察院制定了《关于充分发挥检察职能服务安徽经济发展新常态的意见》，提出了18项服务措施。2015年9月，全省加快调结构转方式促升级动员大会召开后，省检察院出台了《全省检察机关服务保障加快调结构转方式促升级的指导意见》，提出了8项服务措施，进一步提升了检查工作与大局工作的融合度，确保检察工作与大局需求同向同行、合力合拍。工作中，坚持惩治犯罪与保护创新相统一，正确把握法律政策界限，严格区分经济纠纷与经济犯罪、个人犯罪与企业违规、正当融资与非法集资等界限，依法打击犯罪者、鼓励创新者、教育失误者。坚持依法办案与服务发展相结合，不断改进执法方式方法，切实做到查办案件和规范司法并重，采取强制措施与保障合法权益并重，惩治犯罪与挽回损失并重，坚决避免执法不当影响经济发展。坚持执行法律与执行政策相协调，在办理涉及经济管理部门和企业的职务犯罪案件时，对犯罪情节轻、涉案金额小、认罪悔罪态度好的嫌疑人，注重宽严相济，依法区别对待。

——深入开展犯罪态势分析，切实强化司法应对措施。针对经济下行压力加大、经济犯罪数量上升态势，省检察院与省高院、省公安厅共同出台办理常见经济犯罪指导意见，统一执法尺度，增强打击合力，起诉合同诈骗、集资诈骗、非法吸收公众存款等经济犯罪1 244人。针对侵犯知识产权犯罪多发态势，有效依托“两法衔接”机制，积极参与“双打”专项整治，主动服务大众创业、万众创新，起诉制售假冒伪劣商品、侵犯知识产权犯罪336人。针对重大工程建设、美好乡村建设和新型城镇化建设等领域政府投资力度加大、职务犯罪风险增加态势，一手抓严厉惩治，一手抓同步预防，积极维护政府投资安全。

——平等保护企业合法权益，不断优化企业发展环境。围绕服务民营经济，主动了解企业需求，及时提供法律咨询服务，严厉惩治危害非公企业特别是小微企业发展的各类犯罪行为，与省工商联共同开展非公经济人士法纪教育，积极帮助民营企业防控犯罪风险和经营风险。围绕服务国企改革，既依法查办国有企业工作人员职务犯罪，又注重结合执法办案，开展犯罪预防，促进国有企业严格管理、规范经营。稳妥办理涉企案件，慎重拘留逮捕企业管理人员，慎重查封扣押冻结企业财产，慎重发布涉企案件新闻信息，在法律允许范围内顾及企业关切，维护企业声誉和正常生产经营秩序。

——认真落实维稳第一责任，全力保障群众安居乐业。出台深化平安建设指导意见，推动建立健全对严重刑事犯罪的常态化整治机制，起诉黑恶势力犯罪、严重暴力犯罪、多发性侵财犯罪15 703人。深入推进毒品犯罪专项整治，坚决遏制部分地区毒情蔓延势头，起诉各类毒品犯罪3 828人，同比上升40%。积极参与“打非治违”专项行动，在煤矿、危险化学品、油气管道、交通运输、建筑施工、消防、粉尘防爆等重点领域严厉打击、着力整治，进一步规范安全生产秩序，大幅减少因非法违法行为造成的事故，促进安全生产形势持续稳定好转。起诉重大责任事故犯罪112人，查处重大事故背后的失职渎职犯罪33人，如在淮南市望淮选煤有限公司东方煤矿发生瓦斯爆炸事故发生后，省委省政府专门成立领导小组和事故调查组进驻淮南，省检察院派员参与事故调查。事故发生一年多来，检察机关以玩忽职守罪共立案查处

6名驻矿安全员，以滥用职权罪立案查处淮南市谢家集区安全生产监督管理局局长柏发新等3人。主动参与社会治安防控体系建设，强化对网络犯罪、未成年人犯罪等突出问题的综合治理，11个单位被评为省级“青少年维权岗”，2项未成年人检查工作入选“安徽省未成年人保护十大事件”，省检察院连续六年被评为全省综治工作优秀单位。

（二）惩治与预防职务犯罪

打击职务犯罪是检察院的核心工作之一。2015年全省坚持推进职务犯罪的惩治与预防工作，突出重点，取得了较为理想的效果。

——突出抓好大案要案查办，坚决遏制腐败势头蔓延。持续保持反腐高压态势，查办贪污贿赂犯罪1 636人，渎职侵权犯罪438人；查办大案1 346件，百万元以上案件138件；查处县处级以上干部110人，厅级以上干部16人。如高标准、高质量完成副省级干部陈安众受贿案起诉工作：陈安众系江西省人大常委会原副主任。2014年5月19日，经最高人民检察院指定，安徽省人民检察院以涉嫌受贿罪对其立案侦查。2015年2月16日，蚌埠市人民检察院对该案提起公诉，检察机关指控的犯罪事实全部得到认定。该案的成功办理，受到最高人民检察院的充分肯定。同时，抓住重点领域和关键环节，查办教育、医疗、就业、社保等民生领域职务犯罪487人，查办工程建设领域职务犯罪422人，查办基层组织人员职务犯罪635人。

——突出抓好三大专项活动，及时回应社会反腐关切。聚焦精准扶贫部署，开展惩治惠农扶贫领域职务犯罪专项行动，立案查处389人。针对干部群众反映行贿犯罪打击不力的问题，开展打击行贿犯罪专项行动，查办行贿犯罪310人。高度重视追逃工作，积极参与“天网”行动，抓获在逃职务犯罪嫌疑人53人，6名潜逃境外者被成功抓捕或劝返。

——突出抓好办案能力提升，积极推动侦查模式转型。更加注重侦查一体化建设，灵活运用“上下联动、贪渎并查”机制，有效突破了一批有影响有震动的大案要案。更加注重侦查信息化建设，积极打造“科技侦查、智慧侦查”，全省三级检察院侦查指挥视频系统全部开通，以信息化为依托的“精细化初查、专业化讯问、规范化取证、集约化办案”侦查新模式初步形成。更加注重侦查办案质量保障机制建设，牢固树立以审判为中心、以证据为核心的侦查理念，规范侦查行为，严格证据标准，职务犯罪案件起诉率达96.7%，有罪判决率达100%。

——突出抓好源头警示预防，持续增强预防工作实效。紧密结合执法办案，主动加强预防分析，225项预防报告得到各级领导批示肯定，马钢集团系列职务犯罪案件分析报告被省委办公厅转发全省，省国资委据此在33家省属企业开展规范经营管理行为专项活动。开展“五大专题”预防，以“明法慎行，廉洁从业”为主题，组织开展“推进国企改革发展”“保护生态环境”“保障和改善民生，促进惠民扶贫政策落实”“促进三农建设”“保障工程建设，促进公共投资安全”等五大专题预防工作。同时继续深化预防“六进”，推动预防职务犯罪工作进机关、进企业、进项目、进乡村、进社区、进学校。提供行贿犯罪档案查询信息8万余条，组织警示教育和预防宣传近3 300次，受教育人员14.8万余人。深入推进社会预防，积极创新预防形式，创办以案说法电视节目《检察直播间》，拍摄全国首部农村反腐题材电影《丫山清风》，编发《画说职务犯罪》系列丛书，进一步扩大预防工作覆盖面和影响力。

（三）规范、监督司法行为

监督是检察院的另一项核心职能。2015年全省各级检察院加大对司法行为的监督力度，规范监督方式和程序，着力构建规范司法行为新常态。

——开展规范司法行为专项整治。针对自身办案存在的突出问题，扎实开展为期一年的集中整治。坚持更新司法理念与严格办案标准相结合，组织开展“一月一讲”专家论坛和检察业务专项培训，积极引导广大检察人员强化人权保障意识、程序公正意识、规范监督意识、执法为民意识和公开透明意识；出台检察业务流程指引，完善法律文书制作规范，制定执法办案提示手册，切实做到严格司法、精细办案。坚持强化案件日常管理与定期开展质量评查相结合，深化案件管理体制改革，拓展统一业务应用系统功能，强化对办案的全程、统一、实时、动态监控；出台案件质量评查办法，建立干警执法档案，推进评查结果与评优评先、晋职晋级挂钩。深入开展“三级联动”大评查，全年评查案件46 927件，案件评查发现问题数量逐年下降，办案质效稳步提升，23件案件入选全国检察机关典型案例。坚持整改与建立长效机制相结合，注重开门整改，广泛征求意见，深入开展重点问题排查，邀请2 000余名代表委员、人民监督员参加规范司法活动检查、督察，累计整改司法不规范问题3 184个，对不规范问题涉及的检察人员，责令检查和诫勉谈话98人，通报批评94人，给予党纪政纪处分10人，切实做到问题整改见人、见事、见案、见责；严密制度笼子，强化行为规制，出台规范使用指定居所监视居住、落实同步录音录像、保障律师会见权等11项制度，职务犯罪案件使用指定居所监视居住措施同比下降60.9%，律师会见申请答复率达97%，许可率达74.4%。

——提升诉讼监督工作效果。着眼于有案不立、有罪不究等问题，不断加强刑事立案和侦查活动监督，监督公安机关立案393件，纠正漏捕312人，纠正漏诉625人。深入开展专项立案监督，建议行政机关移送涉嫌犯罪人员188人，公安机关已经立案147人，一批生产毒鸭血、毒豆腐等有毒有害食品和实施滥伐林木、污染环境等违法犯罪的行为人受到依法追究。着眼于坚守防冤纠错底线、强化人权司法保障，对瑕疵证据要求侦查机关补正或做出书面解释427件，对证据不足案件不批捕2 747人、不起诉464人，对不需要继续羁押的1 441人依法建议予以释放或变更强制措施。着眼于维护刑罚执行公正，开展减刑、假释、暂予监外执行专项检察“回头看”和社区服刑人员脱管漏管专项检查，纠正“减假暂”不当1 136人，纠正社区服刑人员脱管漏管560人，建议收监执行409人。着眼于贯彻省人大常委会《关于加强全省检察机关民事检察工作的决议》，积极构建多元化监督格局，共受理各类民事行政检察案件4 214件，对民事行政生效裁判提出抗诉187件，对民事行政审判活动和执行不当提出检察建议969件。着眼于强化困难群众利益保护，办理劳动争议、社会保障等领域支持起诉案件549件，如宣城市宣州区检察院通过支持起诉帮助200余位农民工讨薪近300万元。

（四）精心谋划推进检察改革

根据深化司法体制改革的新部署，2015年安徽省精心谋划推进检察改革，以法治思维为引领，不断更新工作模式，扎实推进改革措施的落实，全省检察工作步入了新的轨道。

——稳步推进四项改革试点，着力破解体制机制难题。四项改革是指完善检查人员分类管理制度、健全检察人员职业保障制度、完善检察官办案责任制、推动省级以下检察院人财物统一管理等改革。安徽省作为中央确定的第二批试点省份之一，已于2015年7月正式启动试点工作。坚决贯彻中央、省委决策部署，广泛开展调研，及时制定出台符合本地实际、具有安徽特色的系列改革方案。紧紧抓住检察官员额制改革这个关键，区分不同地区案件数量和干警编制，科学设定员额比例，严格组织考试考核，确保业务骨干、精英人才进入员额。紧紧抓住检察官办案责任制改革这个重点，突出检察官司法主体地位，突出对检察权的监督制约，明确权力清单，强化监督刚性，确保提升公正司法能力的改革任务落到实处。

——积极开展公益诉讼试点，着力促进严格依法行政。按照中央全面深化改革领导小组的工作部署，2015年7月1日，十二届全国人大常委会第十五次会议审议通过了《关于授权最高人民检察院在部分地区开展公益诉讼试点工作的决定》。7月2日，最高人民检察院正式印发了试点方案，包括安徽省在内的13个试点省份启动了试点工作。2015年，省检察各部门加强与行政机关的沟通，主动争取支持；加强与公益组织的协调，在线索发现、证据收集等方面积极开展合作；加强与审判机关的配合，联合省高院共同出台有关公益诉讼的办案规范，确保试点工作稳妥推进。突出公益这个核心，按照诉前程序向环保、国土等部门提出纠正违法、督促履职的检察建议34件，已经督促整改到位18件，依法提起行政公益诉讼1件。

——继续深化检务公开改革，着力推进司法公开透明。全面运行案件信息公开系统，全省三级检察院公开法律文书26 264份，发布重要案件信息6 940条；积极探索案件公开审查制度，在较大的审查范围内，公开听取办案机关、当事人、其他诉讼参与人及社会公众等有关方面意见，主动邀请代表委员、专家学者等第三方参与监督评议，全省公开审查不捕、不诉以及争议较大的案件79件。推进公开渠道多元化，基本建成微博、微信、手机报、门户网和新闻客户端“五位一体”的检察宣传新媒体矩阵，先后发布检察信息74 502条。推进检察开放日活动常态化，全省三级检察院先后举办检察开放日279次，邀请各界人士6 900多人走进检察机关，进一步拉近了检察工作与人民群众的距离。

（五）扎实推进检察自身建设

坚持把自身建设作为全局性、基础性工作，紧密结合形势要求，找差距，补短板，全省检察工作可持续发展能力不断增强。

——扎实推进思想政治、纪律作风建设。大力开展理想信念教育，坚决筑牢听党指挥、忠诚使命的思想根基。深入开展“三严三实”专题教育，部署推进强化责任担当、强化正风肃纪、强化为民服务三个专项行动，着力解决“不严不实”问题。坚持从严治检不放松，切实抓好《中国共产党廉洁自律准则》和《中国共产党纪律处分条例》的学习贯彻，制定落实“两个责任”的实施意见，综合运用函询约谈、诫勉谈话等方式抓早抓小，以“零容忍”态度查处违纪违法检察人员13人。

——扎实推进专业化、职业化队伍建设。加大人才引进力度，三级检察院共新招录检察人员343人，全省40岁以下干警比例达43.5%，本科及本科以上学历干警比例达88%。加大教育培训力度，积极组织各类业务培训、岗位实战练兵，着力培养业务尖子、办案能手，全年培训检察人员1.6万多人次。加大人才选拔力度，积极构建门类齐全、结构合理的高层次人才队伍，全国、全省检察业务专家达33名。

——扎实推进基层基础设施建设。注重科技引领、信息支撑，包括司法办案、检察办公、队伍管理、检务保障、检察决策支持、检务公开和服务等六大平台的电子检务工程全面启动建设。派驻监管场所检察室“两网一线”[①]实现互联互通，“互联网+检察”的工作模式正在形成，省检察院和5个

① “两网一线”是指派驻检察机构与监狱、看守所等监管单位计算机信息联网、监控联网和检查专线网建设。

市县检察院被评为“全国科技强检示范院”。注重重点突破、典型示范，基层院“抓特色、创品牌、育典型”活动深入推进，在智慧反贪、品质公诉等方面推出一批新的特色品牌。全省检察机关有63个集体和个人受到省部级以上表彰，2个院被评为“全国文明单位”，涌现出一批以“全国示范检察室”芜湖县检察院驻所检察室、“全国青年文明号”霍山县检察院公诉科和“中国好人”苗勇等为代表的基层先进典型。

（六）实化强化接受监督新举措

各级检察机关牢固树立监督者更要自觉接受监督的意识，坚持把检察工作置于有效的监督之下，切实以外部监督促进检察权依法规范运行。

——自觉接受监督。全面贯彻全省人大工作会议精神，围绕省委加强人大工作和建设的意见，及时出台12项落实措施。坚持向人大报告工作制度，全省各级检察院向同级人大及其常委会报告工作197次，省检察院专题报告全省刑事执行检察和贿赂犯罪查办工作情况，书面报告检察改革、规范司法行为专项整治情况。积极配合省人大常委会相关工作机构，做好《安徽省预防职务犯罪工作条例》修订工作。主动向政协通报检察工作情况，诚恳听取意见建议。认真落实全省“两会”精神，着力规范议案建议提案办理流程，代表委员提出的86件议案建议提案全部如期办结、及时答复。

——拓展监督渠道。全面建立与人大代表的定向结对联络制度，实现代表联络工作的常态化、制度化。邀请代表委员参与执法检查、工作视察、案件评查和工作座谈等各类活动7 455人次，充分保障代表委员参与权、知情权、监督权。广泛开展“五级代表看检察”[1]和“双千双百”[2]活动，先后组织1 052名代表委员旁听157个观摩庭，1 431名代表委员走进三级检察院，深度了解检察工作。

——主动接受社会各界监督。自觉接受律师监督，完善听取律师意见制度，强化律师执业权利保障，积极构建平等相待、良性互动的新型检律关系。自觉接受媒体监督，建立覆盖全省三级检察院的新闻发言人制度，认真倾听媒体声音，及时回应媒体关切。自觉接受人民监督员监督，配合省司法厅完成489名人民监督员的选任、确认工作，64件职务犯罪案件接受人民监督员监督评议，组织人民监督员参与各类监督活动662人次。

（七）2015年全省检察机关打击普通刑事犯罪情况

表1 2013—2015年 批捕、起诉普通刑事犯罪情况

名称 / 年份	批捕普通刑事犯罪		起诉普通刑事犯罪	
	案件数(件)	人数(人)	案件数(件)	人数(人)
2013	16 211	22 746	33 251	49 197
2014	15 763	21 524	33 804	48 297
2015	16 762	22 200	32 646	43 561

① 根据2015年初工作计划，省市县三级检察机关联合开展了“五级人大代表走进检察机关”活动，部分全国、省、市、县(区)、乡镇五级人大代表和新闻媒体记者、学生等应邀走进检察机关，零距离接触检察工作，面对面与检察人员交流，进一步加深对检察工作的了解。

② 指全省检察机关部署开展的以邀请千名代表委员旁听百场观摩庭、千名代表委员走进百个检察院为内容的检务公开活动，旨在帮助代表委员更好地行使监督权。

表2 起诉普通刑事犯罪案件涉嫌罪名构成情况

项 目	案件数(件)	占 比
妨害社会管理秩序犯罪	7 207	22.08%
危害公共安全犯罪	10 259	31.42%
侵犯财产犯罪	7 452	22.83%
破坏市场经济秩序	1 397	4.28%
侵犯公民人身权利、民主权利犯罪	6 331	19.39%

(八)2015年全省检察机关查处职务犯罪情况

表3 2013—2015年批捕、起诉普通刑事犯罪情况

名称 / 年份	查处职务犯罪		查处贪污贿赂犯罪		查处渎职侵权犯罪	
	案件数(件)	人数(人)	案件数(件)	人数(人)	案件数(件)	人数(人)
2013	1 561	2 061	1 233	1 575	328	486
2014	1 816	2 219	1 446	1 717	370	502
2015	1 601	2 074	1 285	1 636	316	438

表4 职务犯罪案件嫌疑人构成情况

单位名称	人数(人)	占 比
党政机关	697	33.61%
事业单位	226	10.90%
国有企业	185	8.92%
基层“两委”等其他从事公务人员	587	28.30%
其他	379	18.27%

注:基层“两委”指村党支部委员会(社区党支部委员会)和村民委员会(社区居民委员会)。

表5 职务犯罪案件嫌疑人涉及领域分布情况

领域	人数(人)	占 比
教育、医疗、就业、社保等民生领域	487	23.48%
工程建设领域	422	20.35%
商业贿赂领域	512	7.33%
土地领域	127	6.12%
涉农领域	374	18.03%
其他	512	24.69%

（九）2015年全省检察机关诉讼监督工作情况

表6 刑事立案和侦查活动监督情况

项目	人数(人)	已经判决人数(人)（含上半年结转案件）	判处实邢人数(人)
监督立案	498	796	557
纠正漏捕	312	593	512
纠正漏诉	625	987	471

表7 刑事、民事、行政诉讼监督情况

项目	提出刑事诉讼抗诉				刑罚执行活动监督	
	提出数(件)	审结(件)	改判(次/件)	发回/重审(次/件)	纠正减刑、假释、暂予监外执行不当(人)	纠正刑罚执行和监管活动违法(次/件)
刑事诉讼监督情况	602	178	38	65	1 136	1 250
民事、行政诉讼监督情况	187	110	43	6	14	969

(十) 检察工作中的问题

安徽省人民检察院检察长薛江武在《安徽省人民检察院工作报告》中指出，全省检察工作中存在的问题和不足包括：在服务大局方面，立足职能服务发展的举措还不够有力，成效还不够明显；在队伍建设方面，专家型、高素质人才较少，办理复杂敏感案件的能力有待提升；在检察改革方面，攻坚克难、开拓创新的力度还要加大；在从严治检方面，干警违纪违法现象时有发生，党风廉政建设“两个责任”还需盯紧抓实。

五、司法行政工作

司法行政工作是司法活动与社会生活相衔接的重要环节，也是发挥司法工作社会效果的重要手段。2015年，安徽省高度重视司法服务与社区矫正工作，不断夯实司法基层服务基础，深化司法行政体制作改革，不断加强自身队伍建设，努力探索具有地方特色的制度创新，取得了较为理想的效果。

（一）司法行政工作

2015年，安徽省各级司法行政系统以习近平总书记对政法工作和司法行政工作的重要指示为指导，切实把握“四个全面”战略部署的总要求，主动适应经济社会发展新常态，认真贯彻落实全国全省监狱、戒毒、社区矫正、法律援助、律师工作会议精神，深入推进平安安徽、法治安徽、过硬队伍建设，扎实做好司法行政工作。

1.维护和谐稳定取得新成效

——监管场所实现持续的安全与稳定。以开展“强基固本建设年”活动为重要抓手，认真践行新型治监理念，牢固树立安全首位意识，强化改造为本的工作导向，创新新型警务运行机制，启动教育改造品牌战略规划，扎实开展监管安全隐患排查、“双违”清查和“防逃人演练”“犯情大调查”活动，大力推进18类37项精细化管理项目，监狱系统实现连续10年10个月无罪犯脱逃得逞。

——以开展“科学戒治基础年活动”为重要载体，突出科学戒治、综合戒治和依法管理。积极转变工作理念和工作方式，健全管理制度和工作机制，完善“三分四期”戒治模式，构建强制隔离戒毒、自愿戒毒、戒毒康复、社区戒毒、戒毒科研、戒毒宣教“六位一体”的工作格局，戒毒系统实现连续7年11个月“六无”目标，监所安全稳定工作创历史纪录。特殊人群教育管理稳控有序。

——加强刑满释放人员信息管理系统应用。开展安置帮教对象大排查，大力推进社会帮教工作。实施黄丝带帮教行动“十百千万”项目，依托企业建立安置基地506个，政府投入建立过渡性安置基地58个，挂牌建立黄丝带帮教基地57个，全省衔接刑满释放人员17 652人，安置17 051人，帮教17 434人，最大限度防止脱管漏管。

2.提升服务能力

——全面推进公共法律服务体系建设。2015年，安徽省率先制定公共法律服务信息化平台建设基本规范，并纳入全省社会服务管理信息化平台建设总体规划，目前建成市级公共法律服务中心14个、县级97个，乡镇（街道）司法行政服务站1 511个，村（社区）司法行政工作室17 540个。出台《关于服务全省加快调结构转方式促升级行动计划的实施意见》，组织引导和鼓励广大法律服务工作者充分发挥专业优势，围绕战略性新兴产业、先进制造业、现代服务业和现代农业等，积极组织实施法律服务与现代产业新体系的“连线工程”，提供优质高效的法律服务。召开全省律师工作会议，出台《律师服务全面深化改革促进经济社会发展的指导意见》等3个规范性文件，发布律师社会责任报告，建立律师与法官、检察官、公安民警之间良性互动关系，组织律师参加“1+1”法律援助志愿者行动和信访接待工作，律师办案11.93万件。

——不断深化“公证服务提升年”主题实践活动。开展法律帮扶企业专项行动，健全公证管理规范，完善公证执业监管，加强公证行风建设。2015年全年办理公证事项25.8万件。深入推进司法鉴定规范化建设，启动司法鉴定机构省级资质认定工作，完善司法鉴定投诉处理程序，加大司法鉴定执业监管力度，淘汰整合弱小鉴定机构，共注销鉴定机构7家，办理鉴定业务6.23万件。

3.加大普法活动

——推行重点普法对象牵头单位负责制。召开全省推进普法责任制电视电话会议，开展全省2011—2015年法治安徽建设和法治宣传教育工作检查验收，在全国较早推行重点普法对象牵头单位负责制。

——加强法治宣传教育。省人大常委会审议通过《安徽省法治宣传教育条例》，出台法治宣传教育基地建设意见，首次以通告形式发布年度重点普法目录，发布全省“十大法治事件”和普法创新案例，扎实开展“江淮普法行”“青少年法治宣传月”等普法活动。

——充分运用“两微一端”等新媒体平台开展普法教育，形成以93家普法官方网站为支撑，199个普法官方微博为枝干的法治宣传教育网络集群。以“千百十”工程为抓手，加大法治文化传播和培育力度，在全国率先建立“安徽省优秀法治文化作品资料库”。

——通过评优评先推动法治宣传工作。不断深化多层次多领域依法治理，新增16个“全国法治县（市、区）创建活动先进单位”，22个“全国民主法治示范村（社区）”称号，26个县（市、区）获第三批“全省法治县（市、区）先进单位”，100个行政村(社区)获第六批“全省民主法治示范村”称号。

4. 司法行政改革取得新进展

——调整深化司法行政体制改革领导小组、专项小组及领导小组办公室成员，新增“健全国家统一法律职业资格考试制度”和“健全统一司法鉴定管理体制”2个专项小组，形成10个专项小组分类推进各项改革工作。

——贯彻落实全国司法行政戒毒工作会议精神，加强戒毒工作制度建设，先后出台各类规范性文件（制度）20项。

——严格规范减刑、假释、保外就医程序。配合省高院组织召开全省统一减刑假释幅度工作座谈会，下发《全省法院规范减刑、假释工作座谈会纪要》，统一全省减刑、假释幅度和标准。积极推进狱务公开，11所监狱实现减刑假释案件网上办理、全程留痕。

——建立完善科学的法治建设指标体系和考核标准。在纳入政府目标管理考核的基础上，协调有关部门将法治宣传教育纳入市、县（市、区）领导班子和领导干部政绩考核，纳入精神文明创建工作考核和省直机关效能考核。

——深化人民监督员制度改革。印发人民监督员制度改革试点工作实施方案，积极争取解决人民监督员选任管理工作的机构人员及经费问题，完成全省489名人民监督员选任工作。

5.加强队伍建设

——全面加强过硬司法行政队伍建设。以全面贯彻落实全系统政治工作会议部署和要求为重点，采取召开会议、出台意见、选树典型、建章立制的“四措并举”和干部人事、宣传思想、教育培训、纪检监察、内部审计、机关党建“六管齐下”的综合举措，全面加强过硬司法行政队伍建设。

——全面推进“庸懒散奢”专项整治活动。以推进“五型”机关建设为载体，倾力打造效能司法行政，以在党员干部中开展“三严三实”专题教育为引领，认真组织专题研讨，部署开展“三个专项行动”，全面推进“庸懒散奢”专项整治活动。

——加强领导干部的选任和培训工作。建立领导班子和领导干部综合研判机制，选好配强各级领导班子，加强干部教育培训。2015年省厅举办培训班46期，培训4 200余人次。

——强化舆论宣传和引导工作。以全面激发队伍活力为目标，强化新闻宣传和舆论引导工作，启动“心动2015·点赞榜样”安徽司法行政典型人物展播暨年度榜样人物评选活动，每月评出3名上榜“最赞·心动人物”。加强舆论引导和突发事件应对，建立舆情监测员、网评员、通讯员和微信、微博联络员队伍。

——建立和完善干部监督体系。以认真落实“两个责任”为抓手，大力推进惩防体系建设。重点完善纪检监察、巡视检查、警务督察、内部审计、执法考评、群众监督“六位一体”的干部监督体系。

——有效推动整改任务全面落实。严肃查处违法违纪行为，狠抓省委专项巡视反馈意见的整改落实，细化分解42项整改措施，建立并实施整改销号制，推动整改任务全面落实。

(二) 社区矫正工作

2015年，安徽省坚持改革创新，夯实基层工作基础，全面落实社区矫正各项工作任务，取得了良好的法律效果和社会效果。截至2015年12月底，全省累计接收社区服刑人员145 983人，解除矫正109 869人，实有在册社区服刑人员36 114人，社区服刑人员重新犯罪率保持较低水平，为推进社会管理创新、维护社会和谐稳定做出了积极贡献。

1. 优化社区矫正工作发展环境

——省委省政府办公厅出台《关于进一步加强社区矫正工作的意见》。文件从全面落实社区矫正基本任务入手，对社区矫正工作的组织领导、部门协作、机构队伍建设、经费保障、场所设施和信息化建设等方面提出了具体措施和意见，对全面推进社区矫正工作做出了系统性安排，进一步明确各级政府和部门的工作责任。这是试点以来，省委省政府出台的第一个社区矫正政策保障文件，为社区矫正工作的深入推进提供了强有力的政策支持。

——召开全省社区矫正教育管理工作会议。继2014年全省社区矫正工作会议之后，又一次会同省法院、省检察院、省公安厅联合召开了全省社区矫正专题工作会议，对切实加强社区矫正教育管理工作进行了全面部署，对全面推进社区矫正工作具有重要意义。

——成立省社区矫正工作领导小组。为适应全面推进社区矫正发展的形势要求，安徽省在原有省社区矫正联席会议的基础上，成立了省社区矫正工作领导小组。省委常委、政法委书记和省政府副省长分别担任组长和副组长，省高院、省检察院、省公安厅、省民政厅、省司法厅等12家单位分管领导为成员，进一步强化了对社区矫正工作的组织领导。

2.加强社区矫正规范化建设

——完善工作制度。联合省公检法部门出台了《关于社区服刑人员收监执行若干问题的规定》，明确各部门在案件审理、人员抓获、临时羁押、脱逃追捕和送监执行等环节的工作职责，解决了社区服刑人员收监执行难问题。制定了《暂予监外执行规定》的贯彻意见，对暂予监外执行罪犯病情诊断、接收衔接、调查评估、收监执行等环节作出了细化规定，强化了规章的实践操作性。出台了《安徽省社区矫正重大事项报告规定》，明确重大事项报告范围、报告程序、报告责任等内容，进一步规范了重大事项报告工作。

——强化工作指导。编印了《安徽省社区矫正指导手册》，对调查评估、衔接与交付执行、监管教育等全流程的每一项具体工作，从法律依据、制度规定、工作要求、注意事项等方面做出细致说明，进一步强化了对基层执法工作的指导。拍摄《社区服刑人员矫正规范》教育片，以社区服刑人员入矫到解矫时间为主线，通过直观、生动的影像形式，详细解读社区服刑人员接受矫正的规范化要求。另外，还拍摄了五集《走进社区矫正中心》专题片，全面介绍社区矫正中心规范执法工作，对基层开展工作具有重要的指导示范作用。

——加强执法检查。健全完善督查检查制度，普遍开展集中点验、网上巡查、电话巡查、暗访督查等活动，加大对问题的督促整改，有力促进社区矫正执法的规范化建设。联合省检察院开展社区服刑人员脱管漏管专项检查，直接点验社区服刑人员1 658人，指出整改问题110余条。在全省开展社区矫正档案和社区服务清单检查评比活动，随机抽取检查矫正档案540份，有力促进了问题的整改。

3.创新方法提升社区矫正效果

——构建监管安全稳定工作机制。建立省、市每季度、县（市、区）每月、司法所每半月召开监管安全分析会议制度，实行对社区服刑人员非正常死亡、重新犯罪、撤销缓刑、撤销假释、收监执行等案件的“一案一报”制度，从源头上防范安全问题的发生，确保对应急突发事件的有效管控。

——开展脱管漏管专项整治行动。全面摸清社区服刑人员在管数量情况，排查整改监管隐患和问题。联合公安机关开展收监执行在逃社区服刑人员的专项追捕行动，全年抓获在逃社区服刑人员69人，被列入网上追捕45人。

——创新社区服务清单管理模式。以司法所为单位，编制多样化、可选择的社区服务项目清单，社区服刑人员自主选择参加，依靠社会组织或其他社会力量进行监督检查，增强了社区服务的可操作性，确保社区服务的各项要求得到真正落实。

——打造“黄丝带”社会帮教品牌。联合民盟安徽省委开展社区矫正“黄丝带”帮教行动，实施社会帮教“十百千万”项目。全年各级司法行政机关开展“黄丝带”社区矫正帮教行动272场次，受益社区服刑人员近万人，有力提升了社区矫正、社会帮教的水平。

——依法办理社区服刑人员特赦任务。经过摸排甄别、筛查评估、公示上报、审核报请等程序，依法规范、积极有序地完成了特赦工作任务，全省报请裁定特赦社区服刑人员930人，没有发生一起错报、漏报和违规违纪问题。

4.强化社区矫正工作保障能力

——强化机构保障。在全省社区矫正机构实现全覆盖的基础上，积极推进社区矫正机构的建设向“队建制”实体性模式转变。安徽省司法厅社区矫正工作处更名为“安徽省社区矫正管理局”，铜陵市成立了社区矫正支队，马鞍山市、黄山市成立了社区矫正局，全省有10个市成立了社区矫正支队、局。

——强化队伍保障。全年市、县（市、区）社区矫正机构新增专职工作人员64人，全省新招聘执法辅助人员365人。推进政府购买社区矫正服务的试点工作，合肥方圆、安庆明康等近30家社会组织开始承接社区矫正教育和服务项目。举办了两期社区矫正业务培训班，组织全省社区矫正工作人员业务统考和知识竞赛活动，不断提升社区矫正队伍业务技能和执法水平。

——强化经费保障。2015年全省贯彻落实《财政部司法部关于进一步加强社区矫正经费保障工作的意见》，淮北、阜阳、滁州、芜湖、池州等市相继出台了社区矫正经费保障意见，全省共有11个市建立了按人或按标准的经费保障机制。

——强化科技保障。全面推行社区服刑人员日常报到、教育学习和社区服务的电子签到制度，确保教育管理时间、内容的有效落实。在合肥、蚌埠、铜陵三市开展电子腕带试点，近600名社区服刑人员先后佩戴电子腕带接受矫正，提高了监管工作的可靠性和有效性。

（三）律师服务工作

律师服务是司法服务的关键环节。近年来，安徽省大力推动律师服务工作发展，不断拓展业务领域，为法治安徽建设做出了积极的贡献。

1.积极推动律师管理体系建设

2015年，省司法厅全方位改革律师制度，通过召开全省律师行业贯彻落实十八届四中全会精神的调研座谈会，开展2015年“律师党建提升年”活动。组织开展律师事务所管理体制改革专题调研，充分发挥律师事务所的管理作用，依托律师事务所的有效管理，培育健康的行业文化，培养高素质的律师队伍，为律师行业发展提供源动力。提请省人大常委会研究制定出台《关于律师执业的若干规定》，通过地方立法建立民诉调查令制度，与政法相关部门联合出台《关于职务犯罪案件侦查阶段保障律师会见权的意见》等制度，积极探索建立律师专业水平评价体系，并依托安徽警官职业学院，筹建安徽律师学院。强化省律协作为行业管理部门的职能作用，在律师的教育、培训、奖惩、维权等方面加强行业相关协会的功能建设，建立健全协会工作制度，充分发挥行业协会在行业管理中的重要作用。

2. 加强律师队伍建设

——进一步加强律师队伍的教育培训。省司法厅制定《关于进一步加强全省律师教育培训工作的实施意见》和全省律师教育培训工作整体规划，将全面依法治国教育列为各级各类律师教育培训的必修内容。组织编写《安徽省律师依法治国教育学习读本》，组建全面依法治国教育宣讲团，筹建安徽律师学院，并举办了两期全面依法治国专题教育培训班。

——进一步强化律师队伍监督管理。制定《关于进一步加强律师事务所规范化建设的指导意见》，强化律师事务所对律师队伍和律师执业行为的直接管理。建立全省律师宣誓制度，出台《安徽省司法厅关于实施律师宣誓制度的规定》。组织开展“律师依法诚信规范执业示范岗”创建活动，发挥示范岗在全面依法治国教育活动中的榜样示范作用。严格执行律师违法违规执业惩戒制度，严肃查处违反法律法规规章和职业道德规定的行为，依法查处冒充律师执业或者被吊销律师执业证书后仍然以律师名义从事法律服务的违法行为。

——不断优化律师行业发展环境。认真落实律师查询公民户籍登记资料的规定，加强与相关部门沟通协调，努力解决律师调查取证难的问题。严格按照《关于组织律师为混合所有制经济发展提供法律服务的指导意见》要求，继续推动各地采用政府购买和财政补贴相结合的方式，建立健全律师担任政府法律顾问和从事公益性法律服务的经费保障机制。

——探索进行“互联网+法律服务”的思维创新。“互联网+”已然成为知识社会推动下的互联网形态演进，同时其催生出经济社会发展的新形态，各行各业在“大众创业、万众创新”背景下如何进行创新成为了新的课题。在“互联网+”的时代背景下，互联网思维打开了一扇新的窗户，为传统的法律服务行业注入了新的生机和活力。

（四）法律援助工作

法律援助是中国实践依法治国方略和实现全面建成小康社会的重要举措。近年来，安徽省不断推进法律援助制度建设，大力推动法律援助工作的开展。2015年全省法律援助办案7.3万件，同比增长11.1%，全省8万余名困难群众获得法律援助。其中，刑事法律援助案件大幅增长，共办理刑事法律援助案件1.44万件，占案件总量19.6%，同比增长34.5%。目前，全省万人法律援助案件量达到10.56件，居全国前列。

1.完善法律援助制度

省司法厅会同省军区联合印发《关于进一步加强军人军属法律援助工作的意见》，建立军队和地方统筹协调、需求对接、法律援助资源共享、优势互补的军人军属法律援助工作机制；与省侨联联合印发《关于在全省侨联系统设立法律援助工作站的通知》，在省、市及具备条件的县（市、区）侨联机关设立法律援助工作站；积极推动《安徽省法律援助条例》（修改）列入《安徽省人大常委会2015年立法计划》调研论证项目，上报《关于完善全省法律援助制度的实施意见》。

2.积极推动律师参与司法援助

——推进律师参与司法援助体系建设。近年来，安徽省先后出台了《关于进一步推进律师参加法律援助工作的意见》《关于在律师事务所法律援助工作站实行首问负责制和首问告知制的通知》等文件，将律师办案占案件总数比例（不低于35%）列为全省法律援助年度考核的重点并占较大分值，综合运用一系列政策工具，有效推动律师全面参与法律援助工作。同时，积极做好律师服务，促进律师主动深入开展法律援助。强化法律援助机构为律师办案全程服务的意识，实行指派案件“三个匹配”、质量服务“一对一”、重大疑难案件集体讨论、办案流程网上操作等措施，及时为律师办案提供业务指导，并做好相关协调工作。在全省律师事务所设立工作站，省、市普遍成立农民工、妇女维权和刑事法律援助等专业化律师志愿团，组织律师参与法律援助管理工作，为律师深入参与法律援助工作提供有效载体。坚持评先评优向律师和律师事务所倾斜，突出宣传法律援助工作中涌现出的律师先进典型和先进经验，推出了一批在全省甚至全国有影响的优秀律师，展示安徽律师公益形象，赢得了党政领导和群众的广泛赞誉。

——强化管理监督，确保法律援助各项工作任务落实到位。建立双考核制度，将律师办理法律援助案件情况列为法律援助机构年度考核的重要指标，将律师履行法律援助情况列入律师事务所年度检查考核及律师执业年度考核范围。出台《安徽省法律援助案件质量监督管理办法（试行）》，配套采取旁听庭审、跟踪办案、回访受援人、查阅案卷、网上监督等措施，建立办案质量管控机制，提升律师办案的质量和效率。采取对口支援、志愿服务等方式，统筹调配律师资源，建立省、市与县（市、区）律师资源共享机制，切实解决少数地区法律服务资源匮乏的问题。

——加大财政保障力度，实现律师参与法律援助工作的可持续发展。2015年省财政加大财政投入，新增法律援助专项资金1 100万。省司法厅与省财政厅联合出台《关于政府购买法律援助服务的指导意见》，把律师办理法律援助案件纳入政府购买范围；修订《安徽省法律援助经费管理办法》，提高办案补贴标准；修订《安徽省关于律师执业的若干规定》，保障执业权益，并在全国率先以地方性法规形式规定了律师民事诉讼调查令，有效解决律师调查取证难的问题。与省高院联合发文，规定法院依法优先办理法律援助案件类型，免收律师复制法律援助案卷费用。与省残联协调，由残联为法律援助受援人聘请手语翻译并承担相关费用，为律师办案提供便利。

3. 创新服务困难群众体制机制

——立足基层群众需求，建设两个服务网络。一方面，构建纵向到底、横向到边的组织网络体系，服务网络纵向上覆盖省、市、县（市、区）、乡镇街道和村居，横向上延伸到群众团体和行业单位。另一方面，构建四级贯通、内外互联的信息网络体系，省、市、县（市、区）、乡镇街道四级法律援助机构全部联网，实现法律援助申请受理、审查指派、结案归档、经费发放全程网上办理，公民可通过政府电子政务大厅、各级司法行政机关网站24小时申请法律援助。

——针对工作薄弱环节，积极推动优质资源向基层流动。省政府明确“法律援助纳入基本公共服务”，省司法厅综合运用各种政策工具、行政手段推动法律资源沉向基层，促进基本公共服务均等化。一方面推动法律服务人力资源下移，建立省市与县（市、区）律师资源共享机制，安排省、市直属律师事务所定向支援律师人数较少的县（市、区），从律师事务所招募执业三年以内的青年律师或直接聘用具有法律执业资格且通过实习的新执业青年律师，充实基层法律援助机构，并规定实行新申请法律执业人员须到法律援助机构实习一年。另一方面推动基础设施下移，省司法厅统一制定标准，为乡镇街道法律援助工作站配备了计算机、打印机、扫描仪以及二代身份证识别阅读器等办公设备，统一培训工作人员，促使乡镇街道法律援助工作站就地受理困难群众法律援助申请，就地审查后提请县区法援中心审批，避免携带申请材料到县（市、区）法援中心审批来回奔波之苦，有效解决公共服务最后“一公里”的问题。

——解决热点难点问题，保障民生，维护稳定。一是把与民生相关事项纳入法律援助范围，“十二五”期间全省14个设区的市政府先后出台文件，将劳动保障、婚姻家庭、食品药品、教育医疗、环境污染、土地纠纷、征地拆迁等纳入法律援助补充事项范围，16个市都不同程度把经济困难标准放宽到国家规定的最低生活保障标准的1.5—2倍，确保政策能惠及低收入群体。二是开展“援访对接”与“援调对接”，全省法律援助中心在各级信访部门设立法律援助工作站62个，一些地方法律援助中心直接入驻群众工作部，法律援助律师陪同党委政府领导接访、办理党委政府领导批示或信访部门转交的信访案件。专门安排法援律师参与群体性事件、涉法涉诉信访件，力争将其纳入法治轨道解决。充分发挥法律援助站点贴近群众的便利，免费向社会公众提供法律咨询服务，引导公民依法行使权利和表达诉求，推动形成共建共享社会治理格局。三是开展针对特定人群的专项行动，突出关怀弱势群体。全省持续5年在农历春节前后集中开展农民工法律援助专项维权行动，联合媒体及其他部门，动员各方面力量，直接有效地帮助农民工解决讨薪问题。在每年5月19日全国助残日举办残疾人法律援助专项活动，并与民政、残联等相关部门联系，收集并定期更新低保、五保、重度残疾人等困难群体数据，对库内人员申请法律援助免予经济困难审查。

（五）基层法律服务工作

基层法律服务工作者是推进公共法律服务体系建设的重要力量。近年来，安徽省深入贯彻落实十八届四中全会关于加快基层法律服务工作者队伍建设的要求，进一步加强和规范基层法律服务工作，全面提升基层法律服务工作服务全省经济社会发展的能力和水平。不断拓展和延伸人民调解工作领域，大力推进行业性、专业性人民调解组织建设，建立人民调解化解矛盾预警工作机制，推进人民调解、司法调解、行政调解衔接联动。成立人民调解法学、医学、劳动就业、环境保护等咨询专家库698个，建立行业性专业性人民调解组织1 182个，实现县级以上行政区域医疗调解组织全覆盖。2015年全年开展矛盾纠纷排查11.9万次，成功调解矛盾纠纷52.2万件。同时，针对当前基层法律服务工作存在的问题和困难，加强调研，认真思考，积极采取措施加以解决。另外，安徽省立足于基层法律服务工作者队伍的健康长远发展，进一步改进工作方式方法，积极有效引导基层法律服务工作者依法规范执业。从近年的基层法律服务工作来看，取得了一定的成果。

六、知识产权保护工作

加强知识产权保护，不仅是促进经济发展的需要，也是推动法治社会建设的重要环节。安徽省作为科技大省，更要鼓励创新，加快知识产权保护的制度建设。2015年，安徽省在现有的知识产权保护上，不断加大工作力度，成效显著。

（一）商标权保护工作

2015年，省工商深入推进工商、质检、食药监三合一进程，在2014年工作的基础上，继续强化商标权保护力度。通过明确商标权保护重点、完善并落实到位监督机制、提高监管效率、加强自身能力建设、积极推进普法宣传等措施，切实有效地保护了商标权人的合法利益，实现安徽省实施“十二五”商标战略的圆满收官。

——制订工作方案，集中开展整治工作。制订了全省全系统2015年的工作目标、重点、措施和实施方案。组织各地开展了2015年中国制造海外形象维护“清风”行动、农村和城乡结合部市场专项整治、保护地理标志商标专用权专项行动、打击制售假冒伪劣日用品专项行动和开展商标代理专项整治。2015年5月，还组织了4个督查组分赴各地开展督查指导，确保整治工作落到实处。通过整治，努力营造保护品牌、保护创新、促进公平竞争、促进消费、净化市场的良好法治环境。

——深入开展“两节”期间专项打假活动。自2014首次开展“两节”专项打假活动以来，专项打假活动受到了社会各界的广泛好评。2015年安徽省在元旦与春节的“两节”期间，继续加大市场监管力度，集中力量查办一批重大、有影响力的案件，切实维护好节日期间的市场秩序。截至2015年1月底，全省工商系统共检查各类经营主体198 117户次、批发市场3 549个次、集贸市场10 673个次、经营者仓储地8 576个次、整治重点区域4 241个，开展政企联手打假行动380次，捣毁制假售假窝点88个。立案6 176件，案值2 409万元，移送司法机关15件。受理消费者申诉举报1 908件，为消费者直接挽回经济损失99.92万元。查获假酒42 392瓶，假家用电器8 309台、假日化用品27 192件、假服装1 015件、假箱包鞋帽1 666个（双）、假电子产品8 707件、假汽车配件858件、假烟花爆竹1 717件。

——针对网络交易市场突出问题，认真开展红盾网剑专项行动。在2014年的行动基础上，更加深入开展2015红盾网剑专项行动，坚决打击网络商标侵权和销售假冒伪劣商品等违法行为。重点关注与人民群众切身利益相关的热点问题，重点整治网络购物平台与大型购物网站，以服装、日化、小家电、建材、电子产品为重点检查内容。全省共查办网络案件265件，罚没款318.7万元。

——创新工作方案，为商标权保护提供坚实基础。在原有的工作基础上，通过制度创新，充分发挥工商局市场监管职能作用。省工商局与古井集团建立了首个联合打假办公室。联合打假办公室的成立，保护了省内知名品牌，打击假冒伪劣商品，维护企业和消费者合法权益。同时，积极支持与服务企业，净化了市场环境。政企联手有利于加强信息沟通，加强案件查办，加强与周边省市工商部门协调，有效维护了商标权人以及广大消费者的合法权益，维护了市场秩序。

——打击侵犯知识产权和制售假冒伪劣商品工作扎实开展，市场环境和消费环境得到有效维护。根据工商总局和省政府的部署，省工商局继续深入推进打击侵犯知识产权和制售假冒伪劣商品工作，制定了全年双打工作方案，明确工作目标和任务，突出重点问题和薄弱环节，全系统共立案查处“双打”案件8 761件，结案7 929件，案值4 743万元，罚没款4 576万元，移送司法案件22件，依法公开“双打”案件行政处罚信息7 929件。阜阳、蚌埠、滁州、安庆、六安、合肥等地查办的“双打”案件较多，案值较大。最近几年安徽“双打”工作都是前三名，在全国“双打”工作电视电话会议上，全国“双打”工作领导小组通报安徽省2015年“双打”工作考核得分98分以上，在全国会议上被第3个点名表扬，位列全国第一方阵。

——广泛开展各类业务培训，努力提高商标法制意识和业务素质。认真组织开展商标培训工作，营造良好的商标战略实施环境，举办了针对各市县局分管局长和商标科长的全省工商系统贯彻实施《商标法》与商标品牌建设培训班，重点培训了地理标志商标注册及商标运用、保护知识。会同省局政治部，承办了省委组织部、省工商局联合举办的面向全省、市、县（市、区）政府分管领导的全省商标战略和商事制度改革专题培训班，邀请工商总局相关领导和专家进行授课，花建慧副省长亲临开班仪式并作动员讲话，专题培训收到了很好的效果。全省各地还通过深入到企业走访、举办培训班等形式，对重点企业开展了商标知识、品牌知识和商标法律法规的培训和宣传，增强了企业的商标品牌意识和法律意识。

（二）专利权保护工作

2015年，安徽省知识产权局在现有的工作基础上，推陈出新，制定完善相关专利保护工作制度，不断加大对专利保护的执法力度。同时，结合电子商务发展的新挑战，不断开展执法能力培训工作。多次在执法时进行普法教育活动，有效防止了专利侵权、违法行为，维护了专利权人的合法权益。安徽省2015年全年发明专利申请高达68 314件，同比增长36.7%，居全国第五位，较去年上升一位，位居中部第一位。

——建章立制，不断推动专利执法和专利产业化、规范化。2015年，安徽省制定出台了《安徽省专利条例》。该条例首先明确政府部门职责，要求政府将专利工作纳入国民经济和社会发展规划，制定与组织实施专利发展战略，保障专利保护和促进工作所需的经费。鉴于专利申请量、授权量大幅增长，将专利保护与促进职能向县级政府延伸，赋予县级政府专利管理部门行政执法权。规定管理专利的部门应当设立举报制度，公布举报方式，对于接到的举报，应当及时调查处理，并将处理结果向举报人反馈。对于查证属实的，还将给予奖励。针对电子商务领域专利违法行为的特殊性，《条例》规定，对电子商务领域假冒专利的行为，由电子商务交易平台所在地或者网店经营者注册地县级以上人民政府管理专利工作的部门负责查处。

——建立专利奖评办法。2015年安徽省修订了《安徽省专利评奖办法》，设专利金奖、专利优秀奖，每年评选一次。并印发至市县知识产权部门。该办法不仅修改了原评奖办法中不合实际、实际效果较差的规定，也有为了适应新环境而进行修改的内容。以奖励机制促进了专利水平的进步，并通过相应的竞争不断提升专利质量。

——加大执法力度。全省各级知识产权局共组织出动执法人员1 000余人次，检查商业场所300余次，检查商品40 000余件。全省专利案件共立案413件，其中专利纠纷案件131件，假冒专利案件281件。全年共立案调查处理专利案件421件，其中专利侵权纠纷案件132件，假冒专利案件289件，有力打击了专利违法行为。

——加强行政执法培训。2015年全省上下的知识产权部门都认真组织开展专利执法人员的培训工作，以提高执法人员的专业执法能力和水平。省知识产权局多次举办了行政执法培训班，如全省科研院所知识产权研修班、全省专利信息分析与利用实战培训班，等等。不但邀请了专家学者来讲课，还邀请了外省的同行来介绍经验，交流专利执法心得。地方的知识产权局重点组织学习新颁布的《安徽省专利条例》，如六安市为深入贯彻落实《安徽省专利条例》，提高专利行政执法整体水平，举办了知识产权行政执法培训班，所辖各县区知识产权局的专利执法人员30余人参加了培训。这类培训不仅有助于提高知识产权执法队伍素质和提升地方专利行政执法能力，更能推动专利行政执法的重心下移。

——积极开展普法教育活动。2015年从省到市县的知识产权局，都开展了形式多样的普法活动，以提高公民和企业的专利保护意识和知识水平。如针对颁布的《安徽省专利条例》，开展了“美的杯”《安徽省专利条例》知识竞赛活动，竞赛内容涉及专利的创造、运用、保护、管理和服务各个方面。举办此次活动旨在宣传知识产权法律法规，提高全社会知识产权意识，营造全民创新、大众创业的良好氛围。此次活动在全省范围内引起强烈反响，社会各界纷纷参与答题，在短短十天内收到上万份答卷。

——重视专利人才的培养。多年来，安徽省知识产权局不断加大对专利代理人培养力度，如举办专利代理人考前长期培训班和冲刺班，安徽省的专利代理人资格考试取得骄人的成绩。2015年，安徽省共有98人达到全国合格分数线，较上年增长21%；45人达到中西部倾斜政策分数线，通过率达35.2%。这些通过资格考试的人员大部分都会充实到各专利代理机构专职从事专利代理工作，壮大了安徽省专利代理机构的人才队伍，对全省专利事业的发展起到了重要的支撑作用。

（三）版权保护工作

2015年，在新科技的引导下，安徽省坚持传统与新科技手段相结合的方式，不断加大版权保护的力度，取得了良好的成效。同时，安徽省还加大版权保护的宣传力度，努力创建版权保护的良好社会氛围，促进了版权保护工作的有效进展，进而推动了安徽经济的快速发展。

——重点打击网络侵权盗版行为。根据国家版权局等四部委通知精神，省版权局、省互联网宣传管理办公室、省通信管理局和省公安厅联合印发《安徽省开展打击网络侵权盗版“剑网2015”专项行动实施方案》，重点整治非法传播音乐、影视、新闻、游戏、文学、软件等作品的侵权盗版网站和智能移动终端第三方应用程序等，严厉查处通过网络云存储空间、网络广告联盟、智能移动终端应用软件商店、网络字幕组、网络销售平台以及微博、微信等信息平台进行的侵权盗版行为，不断加大对网络侵权盗版的行政处罚和刑事打击力度，依法治理网络空间，净化网络版权环境，优化网络版权生态。

——多部门联合推动软件正版化工作。省版权局拟定了《安徽省政府机关使用正版软件管理办法（初稿）》，要求各单位在今后的工作中，要进一步明确责任，主动作为，各负其责，共同推进。以巩固提高为重点，不断提升政府机关软件正版化工作水平，大力推进企业使用正版软件工作。省版权局会同省国资委、相关市的版权局对合肥、马鞍山、芜湖、铜陵、淮北、宿州等市近20家省属大型企业使用正版软件情况进行督促检查。重点检查各企业软件正版化工作落实进展和整改情况，积极推进省属企业软件正版化工作。督查组采取听取汇报和实地抽查相结合的方式开展督查工作，现场查阅了相关文件、软件授权协议、合同文本等资料，并上机抽查了计算机软件使用情况。督查组根据督查中发现的问题，有针对性地提出了整改要求和完成时限。

——营造全社会的版权保护氛围。如安徽省版权局在门户网站特开设“打击侵权盗版举报”专栏，拓宽民意沟通和群众监督的渠道，回应广大群众对打击侵权盗版热点问题的关注，及时查处侵权盗版违法行为，保护权利人的合法权益，维护公正法治、健康有序的版权环境。

（四）知识产权的司法保护工作

安徽省不仅通过行政管理部门对知识产权进行保护，更重视对知识产权的司法保护工作。聚焦加快调结构转方式促升级目标任务，紧扣司法为民、公正司法的工作主线，全省法院系统突出加强保护这一导向，努力满足社会多元知识产权司法保护需求，切实发挥知识产权司法保护的主导作用，引领知识产权保护的价值导向，为建设创新型安徽提供更加有力的司法保障和服务。

——依法审理知识产权民事案件。2015年，全省法院共新收知识产权民事一审案件2 860件，比2014年上升101%；审结2 679件，同比上升97.7%。其中，新收著作权案件1 416件，同比上升478%；商标案件1 102件，同比上升27.3%；专利案件179件，同比下降17%；技术合同案件63件，同比上升152%；植物新品种案件12件，同比下降20%；其他知识产权案件87件，同比上升61%。新收知识产权民事二审案件262件，同比上升179%。新收知识产权民事再审案件2件。

——依法惩治和震慑知识产权犯罪。2015年，全省法院共受理一审侵犯知识产权犯罪案件118件，审结115件，涉案人数232人。在审结案件中，生产、销售假药案1件，涉案人数1人；假冒注册商标案55件，涉案人数128人；销售假冒注册商标的商品案47件，涉案人数79人；非法制造、销售非法制造的注册商标标识案10件，涉案人数22人；侵犯著作权案1件，涉案人数1人。受理二审侵犯知识产权犯罪案件14件，结案15件（含旧存案件）。

——依法审查监督行政执法行为。2015年，全省法院共受理一审知识产权行政案件9件，审结7件。其中，受理技术监督案件6件，专利案件1件，商标案件2件。一审审结案件中，判决维持1件、履行法定职责1件、驳回诉讼请求1件；裁定撤诉3件，做出其他裁定1件。充分利用司法保护终局权威的制度优势，监督和支持行政机关依法行政，不断提高知识产权行政保护水平，切实维护行政管理相对人的合法权益。

七、政协的立法协商和法治推动工作

2015年，为全面贯彻党的十八大和十八届三中、四中全会精神，深入贯彻落实省委省政府重大决策部署，不断加快法治安徽建设步伐，省政协积极参与地方立法活动，提高立法质量，推动政府依法行政，为法治安徽建设发挥了积极的作用。

（一）立法协商工作

2015年，省政协认真研究和落实党中央关于我国立法工作的经验和规律，着眼于科学立法、民主立法，不断加强立法协商，对立法工作提出了新要求。

——首次召开立法协商会。省政协成立以来首次召开立法协商会。会上省政协与省委、省政府协商，对《安徽省消费者权益保护条例》等法规的修订工作进行讨论和研究。省政协委员、民主党派代表、专家学者、律师、消费者代表等畅所欲言，提出自己的建议。经过对各方意见和建议的整理归纳，形成建议案，报送省政府供决策参考。新《条例》结合安徽实际，创设了一系列新规定，具有较强的可操作性和前瞻性，如在网购商品方面，以法律的形式保障交易的公平与安全，确保消费者的权益不受侵害。

——多方面、多层次进行立法协商。省政协对接省委、省政府，共同商定以规范行政执法行为为切入口，以问题为导向，就推进法治政府建设召开专题常委会议。根据安徽省委、省政府的统一部署，省政协按照职责要求，积极参与民主法制改革相关工作。就政府立法协商联席会议制度、专题通报制度、工作协商制度、意见反馈制度等多次与省政府法制办协商，并达成共识，共同起草了《关于开展政府立法协商工作的规则（草案）》等一系列立法协商制度。在总结以往做法的基础上，进一步发挥政协在政府立法协商中的平台优势，并根据党的十八届四中全会关于全面推进依法治国精神的要求，进一步完善《关于开展政府立法协商工作的规则（草案）》，并将修改稿报送省政协主席会议审定。与此同时，省政协提出健全行政执法体制、完善行政执法监督机制、推动清单制度向纵深拓展、实行跨部门综合执法、加快行政执法信息化建设等15条建议。省政府专门召开会议，逐条研究了15条建议，将建议内容转化为四个规范性文件，并对一些具体建议制定了采纳方案，并在相关政府立法修改稿中得到充分体现。

此外，省政协应省综治办、省人大法工委、省高级法院要求，还组织相关委员就《社会治安综合治理一票否决权制实施办法》、省人大常委会《关于加强立法协商协调工作的意见（草案）》、省人大常委会《规范性文件备案审查主动审查办法（草案）》、省人大常委会《立法后评估办法（草案）》《农村留守妇女儿童民事诉讼权益保护》等提出意见和建议。

（二）法治推动工作

2015年是全面推进依法治省的开局之年，安徽省大力推进依法治省、依法行政的工作进程。省政协贯彻中共十八大和十八届三中、四中全会精神，以省委九届十次全会精神为指导，充分发挥人民政协协商民主的优势，开展了以“规范行政执法行为，推进法治政府建设”为主题的专题调研，为构建法治政府体系献计献策。同时，省政协以建设法治政府为目标，重点加强法治文化建设。

——基层法治文化建设。加强法治文化教育、增强公民的法治自觉，杜绝、减少违法行为，是规范行政执法行为、建设法治政府的根本。如阜南县政协召开九届十八次常委会议暨推进基层治理法治化专题协商会，审议通过了《政协阜南县委员会常务委员会关于推进基层治理法治化的建议案》，培育基层社会主义法治文化，为推进基层治理法治化筑牢思想基础。

——法治文化的学习。亳州市政协成员赴山东省济宁市、枣庄市进行考察学习，考察组先后实地参观考察了济宁市和汶上县法律援助中心、济宁市行政服务中心、中国（滕州）玻璃城法律服务工作室等。这些考察点都是当地实施依法治市、推进法治政府建设的先进单位，在普法宣传、法律服务、依法行政和法治文化建设等方面有特色、亮点多、成效突出。通过定期的学习和培训，让每一位执法人员熟悉其所涉及的法律法规及执法程序，严守法律底线，严格依法行政，避免盲目执法、错误执法。

（三）省政协提交省委省政府的建议案

关于规范行政执法行为
推进法治政府建设的建议案

（2015年10月11日省政协十一届十三次常委会议通过）

根据省委和省政府、省政协共同制定并组织实施的2015年度重点民主协商计划，10月10日至11日，省政协围绕“规范行政执法行为，推进法治政府建设”主题召开了十一届十三次常委会议暨专题协商会。

会议认为，推进法治政府建设，是贯彻落实中共十八大和十八届三中、四中全会精神的重要举措，是维护法律公正和权威、提升政府公信力、增强社会凝聚力的关键所在，是推动经济社会持续健康发展的重要保证。省委、省政府高度重视法治政府建设，对全面推进法治政府建设作出了一系列重要决策部署，依法规范重大决策行为，积极推行权力清单、责任清单制度，推进综合执法和执法重心下移，建立行政处罚裁量权基准制度，不断探索和创新执法方式，加强行政执法队伍建设，强化行政执法监督，取得了积极而明显的成效。同时，安徽省在规范行政执法行为方面，法治意识有待进一步增强，行政执法体制有待进一步健全，行政执法程序有待进一步规范，行政执法监督机制有待进一步落实，基层执法力量有待进一步加强，行政诉讼风险管控机制有待进一步完善，行政执法队伍素质和执法水平有待进一步提高。为此，会议提出以下建议：

1. 促进各级领导干部牢固树立法治信仰。抓住领导干部这个“关键少数”，通过法治宣传教育、学习培训，营造尊崇法治、敬畏法律的良好法治氛围，促进各级领导干部自觉维护法律权威，践行法治信仰。提高依法行政在各级政府综合考核中的分值和权重，把省政府对各省辖市政府依法行政年度考核分值由1.5分提高至5分。创新机制，促进各级党政主要负责人切实履行推进法治建设第一责任人职责，把能不能遵守法律、依法办事作为考核各级领导干部的重要内容，真正养成办事依法、遇事找法、解决问题用法、化解矛盾靠法的思维自觉和行为自觉，不断提升运用法治思维和法治方式解决和处理各种问题的能力。

2. 以地方立法推动法治政府建设。围绕全省经济社会发展中的重大问题、深化改革过程中急需解决的突出问题、社会普遍关注的热点问题和全省特有的地方性事务，不断加大立法力度，科学制定立法规划和立法计划，形成与法治政府建设相适应的制度体系。科学配置立法资源，制定和完善法规规章，打牢行政执法的法律基础。健全立法协商、咨询论证和第三方参与立法机制，完善公开征求意见制度，广泛听取社会公众意见。

3. 严格规范性文件监督管理。严格执行规范性文件的前置审查、备案审查和异议审查制度，以适应新修订的行政诉讼法将行政规范性文件纳入司法审查范围的新形势，防止规范性文件不规范带来的诉讼风险。加快规范性文件电子报备系统建设，探索建立统一登记、统一编号、统一发布制度。完善规范性文件定期清理制度，根据清理结果分别予以修改、废止或上升为法规规章。

4. 推动清单制度向纵深拓展。加强事中事后监管，按照《安徽省政府权力运行监督管理办法》，逐项制定事中事后监管细则，强化权力运行刚性约束，不断提升市县政府对下放权力的承接能力，把政府权力运行纳入法治轨道。适时开展权责清单“回头看”，根据法律法规立改废释、国务院下放权力事项和全省经济社会发展情况，做好清单动态调整工作。规范优化清单体系，加大对各级各部门清权确权工作的指导和督查，推动权力事项名称、数量、类别归属一致。实行权责编码，加大清单运用，以“互联网+”思维推动权责清单与电子政务平台无缝对接，推动政府权力公开透明、规范运行。

5. 深入推进市场监管“三局合一”改革。认真总结县级工商、质监、食药监“三局合一”改革经验，适时全面推行市级层面“三局合一”改革，组建市级市场监管局，理顺省市县市场监管管理体系，破解市场监管领域“体制不顺、机制不畅”难题。尽快统一执法制服、执法标志，进一步规范执法文书。加强基层市场监管能力建设，逐步做到一乡（镇）一所。

6. 大力推进综合执法。切实理顺行政执法体制，合理配置执法力量，推进跨部门综合执法、部门综合执法和基层综合执法。重点在食品药品安全、工商质监、公共卫生、安全生产、文化旅游、资源环境、农林水利、交通运输、城乡建设等领域推行综合执法，消除多层、多头执法现象。积极拓展相对集中行政处罚权领域，在不断提升城管领域相对集中处罚权工作的基础上，逐步在全省实施公共资源交易管理领域的相对集中行政处罚权工作。加大“执法权向乡镇延伸”试点工作力度。

7. 坚持严格规范公正文明执法。加强行政执法制度化、标准化建设，在总结试点经验的基础上，全面推进执法全过程记录制度、行政执法操作流程制度、重大执法决定法制审核制度，完善行政执法程序。不断加强行政处罚自由裁量权基准制度的规范化建设，切实做到全省范围内同一行业行政处罚自由裁量幅度的统一。加强行政执法主体和行政执法人员资格管理，严禁没有执法资格的人员从事执法工作。总结推广“柔性执法”经验，创新执法方式。

8. 积极推进行政执法信息化建设。完善省级层面的信息化平台建设规划，制定出台全省信息化平台建设的总体标准、信息资源标准、应用标准、基础设施标准和管理标准，以省级平台统领省直各部门、各市县信息平台建设，实现“上下贯通、横向兼容”。推进网上执法办案系统建设，把信息化手段应用到行政执法的各个环节。不断扩大一线执法人员执法记录仪配备范围，逐步实现全过程记录现场执法、同步上传现场执法视频，形成对行政执法人员、行政执法相对人的双向约束。

9. 推进“两法衔接”制度化建设。健全“两法衔接”工作机制，通过联席会议、案件通报、信息反馈等制度，明确和规范衔接工作的基本流程。建立监督检查和倒逼机制，认真落实案件移送信息追溯制度。

10. 加强政府法制机构建设。切实加强市、县、乡三级政府法制机构建设，使政府法制机构的规格、编制与其承担的职责和任务相适应。县级政府法制机构原则上不少于5人，解决县级政府法制机构力量薄弱、整体素质与法制工作职责和任务不相适应的问题。在乡镇政府设置法制机构或专职法制员。加大对政府法制机构干部的培训、使用和交流力度。

11. 健全政府法律顾问制度。健全包括顾问聘任、联络协调、工作评价、建议采纳等系统规范的政府法律顾问制度。加大以政府法制机构人员为主体、吸收专家和律师参加的法律顾问队伍建设，注重提升法律顾问素质，扩大法律顾问在行政决策过程中的参与度。重点发挥法律顾问在政府的法律服务、行政决策及行政行为的依法性评估判断、面向社会的法律宣讲等方面的作用，努力推动法律顾问服务重心由事后补救向事前预防、由事后处置向事中控制转移。

12. 强化对行政执法的制约和监督。健全行政执法监督机制，适时修订《安徽省行政执法监督条例》，制定出台《关于进一步规范行政执法行为加强行政执法监督的意见》，加强政府内部层级监督和专门监督。切实加强行政复议工作，提高行政复议案件办理质量，坚持有错必究。加强执法案卷评查，加大公众举报投诉执法案件查办力度，充分发挥民主监督、社会监督和舆论监督作用，督促行政执法机关严格依法履行职责。全面落实行政执法责任制，健全执法评议考核体系，完善执法责任追究机制，确保行政执法公平、公正。

13. 健全行政机关负责人出庭应诉工作机制。加强和改进行政应诉工作，强化行政应诉能力建设，积极应对新行政诉讼法的实施。制定《行政应诉工作规则》《行政机关负责人出庭应诉办法》，明确行政机关负责人出庭应诉的案件范围和基本要求，建立出庭应诉案件报备、典型案件观摩旁听和责任追究制度，切实提高行政机关负责人出庭应诉的实质参与度。强化政府法制机构的组织、指导和监督职责，防止“告官不见官”“出庭不出声”现象，促进行政机关负责人通过庭审发现执法问题、改进执法工作、提升依法行政能力。

14. 加大行政执法队伍建设力度。制定出台《安徽省行政执法人员管理办法》，加强行政执法队伍的思想建设、组织建设、作风建设。认真落实行政执法人员执法用语、仪容举止、职业道德等基本规范，加强对行政执法人员的教育、培训和管理，健全教育培训工作机制，促进教育培训与考试考核相结合、考试考核结果与执法上岗资格相结合，切实提升行政执法人员的素质和能力。

15. 营造良好法治政府建设环境。大力弘扬社会主义法治精神，加强法治文化建设。不断加大法治政府建设宣传力度，创新宣传形式，教育引导企业、社会组织和公民等行政执法相对人尊法、学法、守法、用法，共创法治政府建设新局面。

八、法学研究与教育工作

2015年，省委政法委大力支持所属研究会和省辖市法学会结合自身实际，发挥自身优势，通过研讨会、年会、学术征文、调研等形式，开展问题对策和法学理论研究，取得了多篇高质量的研究成果。

（一）法学研究工作

——围绕全面推进依法治省开展课题研究。2015年，安徽省法学会继续设立重点课题，向全省法学和法律工作者公开招标。课题立足“四个全面”战略布局，坚持理论创新和实践创新，围绕深化改革和依法治国的重要问题，结合全省实际，对法官、检察官遴选和惩戒委员会制度建设、农村集体经营性建设用地入市的法律问题、如何发挥法学会的中国特色新型智库作用等事关法治建设全局、事关改革发展稳定的重大问题开展课题研究。《法官、检察官遴选和惩戒委员会制度研究》《农村集体经营性建设用地入市风险防范机制研究——基于典型试点地区入市经验的调查分析》《如何发挥法学会中国特色新型智库作用》等10项重点课题经批获准立项，同时省法学会先后走访各课题组，督促课题组按时优质完成任务。共9项课题中报结项，另有1项课题成果已公开出版。

——对法官、检察官遴选和惩戒委员会制度进行研究。

2015年11月30日，召开法官检察官遴选委员会暨第一次全体会议，标志法官检察官遴选工作正式开始。会议要求按照正规化、专业化、职业化遴选检察官和法官，为落实司法责任制度、提升司法办案的质量和水平提供组织保障。

——组织开展学会工作和信访工作改革。省法学会组织劳动法学研究会，围绕当前劳动关系中的工伤保险、劳务派遣用工、企业规章制度等热点难点问题进行了深入研讨。法学会同时积极参与全省司法体制改革试点工作，根据省委政法委的工作部署，积极配合司法体制改革试点工作的开展。“信访比信法管用”的思维与现实一度广为诟病，而本轮改革力求让涉法涉诉信访回归法治轨道，并开出药方。全省各地正积极尝试律师参与化解和代理涉法涉诉信访工作，实现“诉访分离”，规范信访终结，着力解决入口不顺、出口不畅、程序空转等问题。一年多来的实践表明，律师已逐步成为化解社会矛盾、维护和谐稳定的重要力量之一，并在潜移默化中逐渐培养了人民群众信法、依法的思维习惯。为进一步总结交流律师团参与信访的经验，合肥市瑶海区区委政法委联合区法学会召开深化律师团参与信访稳定问题研讨会，律师团参与处置信访稳定工作经验得以交流和提升。

——积极参加全省司法体制改革试点工作。安徽省是列入第二批司法体制改革试点的省份，省法学会积极配合司法体制改革试点工作的开展。其一，派员参与起草《安徽省司法体制改革试点方案》，并组织有关成员参加“司法体制改革试点方案征求专家学者意见建议”座谈会，对《试点方案（讨论稿）》进行论证，为深化体制改革、推进公正司法提供理论支撑。其二，接受委托起草《安徽省法官、检察官遴选委员会法学法律专家库组建办法》，发挥了法学会在推进法治队伍正规化、专业化、职业化建设中的作用。其三，围绕深化司法体制改革中的相关问题，省法学会组织会员进行研究，先后编报《关于终结涉法涉诉信访的几点建议》《国外法官遴选制度简介》等文章，呈报省委及中国法学会等领导参阅，其中《关于终结涉法涉诉信访的几点建议》被中国法学会《要报》转载。

（二）法学交流工作

——积极为法学交流工作搭建平台。安徽省承办了“皖闽苏三省经济法学研究会2015年学术研讨会”“海峡两岸（安徽）经贸、法治、文化、新知学术研讨会”“百名法学家百场报告会”等重要学术会议和学术报告活动。其中，在皖闽苏三省经济法学研究会2015年学术研讨会上，对很多新的、亟待解决的经济法治问题进行了深入讨论，力图推动经济法学研究的进步，同时也推进了三省经济法学会和学者们之间的联系和交流。此外，有来自海峡两岸的上百位学者参加“海峡两岸（安徽）经贸、法治、文化、新知学术研讨会”，为深化海峡两岸各领域的交流合作，推动两岸关系的和平发展做出了积极贡献。

——积极参加法学交流工作。安徽省法学会积极参加在浙江绍兴举办的第十二届“长三角法学论坛”、第八届“中部崛起法治论坛”等。“长三角法学论坛”是以长三角区域依法治水为论坛主题，尝试运用法律思维方式、法治方式来推动生态文明建设。安徽省报送的论文，有1篇获一等奖，3篇获二等奖，4篇获三等奖，10篇获优秀奖。

（三）法律宣传教育工作

——健全媒体公益普法制度。组织开展《依法行政在安徽》大型图片展览，并于全省“两会”期间在安徽大剧院展出，形象地再现了安徽法治政府建设十年创新之路。创新法制宣传形式，通过《安徽法制》彩信手机报向领导干部、行政执法人员、社会群众广泛宣传法治。制定了《新闻宣传工作管理办法（试行）》，加强法制新闻宣传，强化与新闻媒体的合作，加大对政府法制重点工作的宣传报道力度。落实媒体的法治宣传教育责任，推进在车站、机场、港口、医院、银行、邮政等管理单位在其管理的公共区域建立法治宣传教育设施，开展多种形式的公益法治宣传教育活动。

——组织普法宣传教育活动。2015年安徽省法学会推进了具有安徽特色的“江淮普法行”法治宣传活动，广泛开展了“普及行”“宣传行”和“督查行”的“三行”活动。同时要求在中小学开展一次宪法知识讲座，各地普遍开展一次送法治文艺演出或法治微电影进乡村、社区活动和各地组织一次公务员旁听庭审活动等，弘扬法治理念，为建设法治安徽做出贡献。在全国法制宣传日当天，省人社厅开展了“四法两条例”普法宣传活动，活动主题为“弘扬宪法精神，推进人社法治建设”。“四法两条例”，即《社会保险法》《就业促进法》《劳动争议调解仲裁法》《劳动合同法》《劳动合同法实施条例》和《工伤保险条例》。普法宣传活动现场发放了就业创业、社会保险、劳动关系、调解仲裁、社会保障卡加载金融功能等宣传资料1 600多份，并针对普法对象咨询的有关问题进行了耐心细致的解答。

（四）安徽省法学会的建设

——大力推动县级法学会的建设。2015年，在省法学会的要求下，各市法学会不断努力，积极推进县级法学会的建设工作，取得了一定的成效，为法治宣传教育工作和学术交流活动搭建平台。如滁州市南谯区召开了法学会成立大会，标志着滁州市第一个县级法学会的成立。铜陵市更是实现了县区级法学会的全覆盖，开启了基层法学会建设和法学研究工作新的一页。

——发挥法学会的主阵地作用。如省法学会民商法学研究会与安徽大学法学院共同举办“银行借贷纠纷中的多元法律解释与适用专题”研讨会，20多位代表围绕信用卡罚息规定的合理性问题展开研讨。与此同时，安徽省法学会成立了港澳台法律研究会，旨在通过对港澳台地区的法律研究，进一步推动安徽省与港澳台地区深层次的法律合作和学术交流。此外，省法学会召开全省劳动法学研究年会，30多位劳动法学研究会理事参加会议，围绕当前劳动关系中的工伤保险、劳务派遣用工、企业规章制度等热点问题进行了研讨。

——地方法学会也积极开展工作。如铜陵市法学会组织部分会员开展社区法治文化基层行活动，结合自身办案的实践经验，生动地对《人民调解法》进行解读，为社区调解工作提供参考和指导。同时，在社区法治广场设置了法治宣传展板，向社区居民发放宣传材料和提供法律咨询，营造了学法、知法、守法的良好氛围。

下篇

法治安徽调研报告

关于城乡居民守法意识现状的探索与思考①

一、背景概述

党的十八大报告作出了“全面推进依法治国”的重大决策，开启了全面推进依法治国的新篇章，进而加快推进社会主义法治国家建设。党的十八届四中全会将“增强全民法治观念，推进法治社会建设”作为全面推进依法治国的一项重大任务提了出来。党的十八届五中全会提出坚持全面依法治国、全面从严治党的战略布局。

守法意识即自觉遵守相关法律法规的意识，守法意识的培育需要一定的法律知识作为基础，而了解法律知识是对公民法律教育的目的，即在知法中守法。现在城乡居民的日常生活不仅涉及经济，还涉及文化和伦理道德等多方面内容，这些都离不开法律的调整。因此，开展城镇农村居民的守法意识调查，了解现今芜湖市城乡居民的法律意识状况，有利于深入了解依法治国的成效，进一步推进依法治国。

近年来，芜湖市坚持把全民普法和守法作为依法治市的基础性工作来抓，深入实施“六五”普法规划，率先在全省建立农民普法活动室，扎实开展“平安芜湖、法治城市”等系列活动，在全社会营造了学法、尊法、守法、用法的良好

① 由安徽师范大学法学院左丽丽，邝玉哲，王园园，邓瑞，周千，杜冠辰，徐芮，吴瑞，王俊文，湛果调研团队完成。本团队主要以芜湖市的城镇和农村居民作为调查对象。

氛围。城镇居民和农村居民是构筑法律建设、依法治国的主体之一，其对于法律的认识尤为重要，对于全面深化改革任务的完成和依法治国的方略实施具有至关重要的意义。因此，我们选择了芜湖市的城镇和农村居民作为调研对象，着眼于城乡居民的守法意识，通过问卷、访谈交流等方式，尽可能地了解居民对当前法治建设的认知。将收集到的关于法治建设的真实想法、理想期待等第一手信息、不记名问卷的客观结果和团队成员自身实习体验所得所想结合起来，形成一份真实、实时、充实的“三实”报告，为“法治安徽建设”研究、法治中国建设提供一些具有实际价值的参考资料。

二、调查地点、方式和对象

调查地点：芜湖市弋江区白马社区、柏庄春暖花开小区、中央城小区以及芜湖县湾沚镇前进小区。

调查方式：以问卷调查方式，分小组走访城镇居民，发放问卷共300份，抽样调查100份。

调查对象：芜湖市弋江区白马社区、柏庄春暖花开小区、中央城小区以及芜湖县湾沚镇前进小区居民。

三、调查结果及分析

（一）基本情况

从年龄上看，参与调研的人群年龄主要集中在18—45周岁，而12—18周岁以及45周岁以上的人群所占比例较小；从文化程度上看，本科以上的人群占比城市达到38%、乡镇为30%，而初高中所占比城市为42%、乡镇为57%，文盲和小学文化程度的人占比较小。

由此可见，调查的人群里绝大多数具有独立思考和理性判断的能力，可以表达出自己真实的想法，这对于分析问卷、反映真实情况具有重要作用。

（二）对法律的基本认知

1.“权”和“法”的关系

城市居民中有46.4%的人认为“法”大于“权”，乡镇居民中的这一认知高达80%，23.3%的城市居民认为“权”大于“法”，而仅有2.5%的乡镇居民认为“权”大于“法”；在不清楚两者关系的占比上，城市居民达到18.3%，乡镇居民为7.5%。这说明乡镇居民更相信法律的权威，而城市居民对于法律权威的信赖度没有乡镇居民高。

2.法律与自己的关系

大部分城市居民认为法律与自身的关系十分密切，会主动了解法律；而大部分的乡镇居民则是在有需要的时候才会去了解法律，主动了解法律的居民仅为四分之一。在关于“觉得法律没有作用，只有迫不得已时才会寻求法律的帮助”的选择上，乡镇居民高于城市居民。

3.获取法律知识的来源

城市居民主要依靠普法网站和法律类的电视节目以及法律知识讲座，其次为法律宣讲和相关的咨询活动，较少依靠书本知识。乡镇居民则主要依靠书本知识，其次是法律类的电视节目，法律宣讲和利用网络所占比例较小。城乡生活方式和经济发达程度的差异，导致城乡居民获取法律知识的来源不同，城市在宣传和普及法律知识的方式、资源、人财物等方面和乡镇相比具有明显的优势。

（三）法律所涉及的社会关系

1.家庭关系

在看待子女扶养父母的问题上，乡镇居民中有57.5%的人认为这是一项道德义务，27.5%的人认为是法律义务，其他的人则选择视情况而定；城市居民中40%的人认为是道德义务，40%的人认为是法律义务，其他人选择视情况而定。这可以反映出人们对法律的认知程度，如果人们认为这只是道德义务，而敷衍履行或不履行，就可能在一定程度上没有遵守法律。

在对待家暴的问题上，城市居民中有68.3%的人认为是违法行为，4%的人认为不是违法行为，其他的人认为这是家务事很正常。乡镇居民中有40%的人认为这是违法行为，10%的人持否定态度，其他的人认为这是家务事外人不好评论。这反映了一些人在对待家暴问题上的错误认识，错误认识有时可能会导致行为的错误，进而违反法律。

2.经济关系

当涉及与朋友或亲戚的借贷问题时，乡镇居民中不会写欠条的占比为42.5%，城市居民这一占比则为30%；乡镇居民会写欠条的占比为30%，城市居民会写欠条的占比45%；其余的则选择口头约定或是找见证人。城市居民处理经济关系要比乡村居民繁多，在处理经济关系时也会更为谨慎，积极维护自己的权利，实质上反映法治观念的增强。

3.社会监督关系

得知普通人有违法行为时，35%的乡镇居民选择劝其自首，32%的人选择去公安局举报，33%的人选择不管不问或是其他。60%的城市居民选择去公安局举报，20%的人选择由居委会出面解决，40%的人则认为多一事不如少一事或是其他。

得知官员或是村干部、居委会成员有违法行为时，乡镇居民中约三分之一的人选择去上级政府举报，一部分的乡镇居民选择私下评论，一部分选择联合他人去村委会抗议，极少人选择当做不知道。城市中约有二分之一的人选择去上级部门举报，约三分之一的人选择去居委会反映，约四分之一的人选择不予理睬，以免麻烦上身。

以上两种情况反映出在积极的守法方面，城市居民的意识要高于农村居民，懂得利用身边的便利条件和资源去履行作为公民的职责、行使自己的合法权利。

4. 诉讼关系

城市居民选择诉讼的比例高于乡镇居民，在于他们的请求合理合法并且比较信赖法官；而乡镇居民则因为金钱、时间和诉讼渠道上的限制，往往选择私了，以维护彼此的关系，不太愿意打官司。

根据调研数据可见，城乡居民的守法意识现状，总体上是不容乐观的。一方面，城乡居民对基本法律知识有一定的了解，熟知一些基本的、常见的法律知识；但另一方面，文化水平、经济条件、法制宣传教育等因素限制着居民守法意识的提高。

四、建议思考

（一）加强法制宣传教育以保证法律的普及性

1. 采取多种形式进行法律宣传

高校应该重视法律基础课的讲授工作，由专职法学教师对非法律专业的学生进行普法宣传活动，并将法律基础课作为学生必修的课程，严格考核制度。在城市社区和农村，既要坚持传统的宣传教育形式，如散发法律宣传手册、制作法律宣传栏、建立流动法律书屋、法律知识竞赛等，更要鼓励、组织专业人员如律师、法学院的学生以法律解答形式进行普法宣传教育，尤其是应该鼓励法学院校师生开展社会法律服务活动。这既能解决群众所遇到的法律现实问题，同时也能起到宣传法律教育的作用。对于国家工作人员的违法犯罪行为，应该通过内部视频资料的形式在广大国家工作人员当中进行反面案例宣传教育，以起到警示教育作用。应当高度重视并充分利用现代科学技术，通过网络、手机等移动资讯平台进行普法宣传。同时，还可以通过文艺创作如影视、戏剧、小说等把法律宣传与文艺创作结合起来，让人们在欣赏文艺作品的同时学习法律知识，培养法治观念和法律信仰。

2.法律宣传的内容应以权利和义务并重

目前，有些地方的法律宣传活动只重视法律义务而忽视法律权利，或者虽然宣传了公民法律权利的内容，但由于讲解或解释不够细致准确，导致有些公民对权利的概念和权利行使的范围界定不清，出现滥用权利或不知如何维护权利的情况。只有让公民了解权利和义务并合理运用，才能调动公民守法的积极性，从而合理地约束自己的行为。

3.注重法律宣传的实效性

要避免法律宣传流于形式，要着力把握以下几点：在普法对象上，要把重点放在公务员和青少年群体上；从地区来看，应加大对农村和偏远地区的普法力度，由于信息和交通的闭塞以及文化的落后，这里的人们更需要了解法律；在普法内容上，要针对社会热点和老百姓的迫切需要，及时推出不同形势下、不同时间段的重点内容；在普法形式上，要努力开拓新领域、探索新方法，更加注重用文化产品去传播法律知识和法治精神。

（二）提高违法成本以增强法律震慑力

《中华人民共和国食品安全法》明确规定“对食品生产违法企业最高可处以10倍于其违法收益的损害赔偿金。”但这个规定没有取得良好的社会效果。从经济学的视角看，主要原因是违法的损害赔偿金远远小于违法者因违法而取得的收益。因此，我国的食品安全法还应该从加大对违法者的制裁力度这一视角进行修改完善，提高违法成本，以增强法律震慑力，促进人们守法意识的培育。

《中华人民共和国道路交通安全法》加大了对饮酒、醉酒后驾驶机动车的法律处罚力度，查缉酒驾已经成为群众支持度最高的一项执法行为。在查缉酒驾执法过程中，说情者止步，已经成为交警系统内部公认的“潜规则”。轻则纪律处分，重则刑事追责丢饭碗。《中华人民共和国刑法》与《中华人民共和国道路交通安全法》为严查酒后驾驶提供了制度和民心保障。

法律系统通过提供惩罚和奖励机制，使人们能够从遵守法律的行为中获得收益，违反法律的行为则要遭受惩罚。趋利避害、追求收益、避免惩罚，既是个人心理的本能反应，也是所有理性人的共性。法律系统具有有效的奖惩和控制机制，社会行动者就会因为害怕惩罚或为了获得奖励而选择遵守法律规则的行为。人们知道违法成本足够高，法律足够严厉，守法意识自然能够得到增强。

（三）有效的程序运作机制以保证公民愿意通过守法来实现自己的权利义务

完善立法以保证法律的良善性。国家的立法行为不是盲目的，而具有满足人们需要的积极作用，立法理念只有从人的需要和发展出发，法律的价值才能真正实现，从法律的价值角度考虑，人们才会自觉遵守法律。亚里士多德说：“法治应包含两重意义：已成立的法律获得普遍的服从，而大家所服从的法律又应该本身是制定得良好的法律。”法律只有具有良善的品质，公民才会自觉遵守。

严格执法以保证法律的权威性。法律如果得不到执行或者得不到严格的执行，无异于失去它的生命力。导致普通公民看来这样的法律无异于形同虚设，进而对法律是否有必要存在产生质疑，对执法者产生质疑，这直接削弱了人们的守法意识。执法的严格程度直接关系到人们守法的态度，因而必须严格执法以保证法律的权威性。

公正司法以保证司法的公信力。在司法实践中，司法人员不仅要遵守实体法，还应重视程序法，实现实体正义与程序正义的统一。只有这样，社会公众才会对司法的价值予以承认，守法意识才会产生。明确公正司法的标准，以推进公民守法意识的养成；推进公正司法的实现，以培育公民的法律信仰；提高司法人员素质，以排除公正司法的障碍。

五、结语

此次调研，本团队围绕城镇居民与农村居民守法意识现状及其影响因素展开，在基层实践调研中获得了众多一手资料，需要后期不断地挖掘。

团队是因暑期实践而组建的，在调研时间上有所限制，调研范围又受实践单位的管辖范围影响，更重要的是团队的自身能力有限，对于基层工作缺乏深刻的认识，也不能深入挖掘实践调研中的深层次问题。因此，此调研报告总体水平有限，在今后将不断改进，欢迎各方批评指正。

附录一

关于乡镇居民守法意识的现状及其影响因素的问卷调查

大家好！我们是安徽师范大学法学院学生。在党的十八届四中全会提出全面推进依法治国的大背景下，为了解居民的法律意识状况及其影响因素，特制作此问卷。本调查答案无对错之分，能反映您的真实意愿即可，您的答案将被严格保密。希望能得到您的支持与配合，谢谢！

1. 您的性别

A. 男　　B. 女

2. 您的年龄

A.12—18周岁　　B.18—25周岁

C.25—45周岁　　D.45周岁以上

3. 您的学历为

A. 文盲　　B. 小学　　C. 初中

D. 高中　　E. 大专及以上

4. 您的平均月收入为

A.500元以下　　B.500—15 00元

C.1 500—3 000元　　D.3 000元及以上

5. 在您看来，法律是由谁制定的

A. 国务院　　B. 地方政府

C. 全国人大　　D. 村委会

6. 您认为“权”和“法”哪个大

A.“权”大　　　　B.“法”大

C.两个一样大　　　D.不知道

7.您知道以下哪些法律（多选）

A.宪法　B.刑法　C.合同法　D.劳动法

E.婚姻法　F.物权法　G.婚姻家庭继承法

8.平常您会主动接触法律知识吗

A.会主动了解

B.有需要才了解

C.完全不会

9.您一般从哪些途径去获取法律常识?

A.法制类的节目　　　　B.书本知识

C.听村干部或其他人宣讲　　D.家庭影响

E.和别人聊天　　　　F.电视电影

10.您认为没有手续，从别家抱养或者买孩子养违法吗?

A.不违法

B.完全违法

C.虽然有些违法，但情理上说得过去

D.不清楚

11.您身边存在结婚多年仍未领取结婚证的情况吗?

A.存在

B.不存在

12.您怎么看待丈夫打骂妻子的行为?

A.合法

B.不合法

C.天经地义，不存在合法不合法的问题

D.不清楚

13.如果您的女儿已经出嫁，您在分割财产时会为她准备一份吗?

A.会，都是自己的孩子

B.不会，嫁出去的女儿泼出去的水

14.您认为子女抚养年迈的父母是法律强制义务还是道德义务?

A.强制义务　　B.道德义务　　C.视情况而定

15.您认为老师体罚学生是被法律所允许的吗?

A.是的　　B.不是　　C.学生不听话，该打

16.你们家是否有孩子辍学的情况

A.有　　B.没有

17.如果存在辍学的情况，是什么原因导致的呢?

A.孩子自己不想上

B.家里经济不允许

C.父母觉得成绩差，不如出去挣钱

D.其他

18.您觉得您的儿子和女儿受教育的机会是平等的吗?

A.是，儿女一样重要

B.不是，女儿重要

C.不是，儿子重要

19.朋友或者亲戚向您借钱时，您会打欠条吗?

A.会　B.不会　C.会口头约定　D.找见证人

20.如果您的邻里强行把庄稼种在您家的地里，您会如何解决

A. 自行协商　　　　B. 与其争吵、打骂

C. 找村委会解决　　D. 打官司　　E. 忍让

21. 您外出打工时，会与用人单位签订合同吗？

A. 服从单位要求　　B. 会主动要求

C. 不会签订合同　　D. 签不签无所谓

22. 如果您的工资被拖欠或被克扣，您会怎样维护自己的权益

A. 威胁老板　　　　B. 找劳动局解决

C. 走法律途径　　　D. 自认倒霉

23. 如果您外出打工，发生了工伤，您会怎么解决？

A. 找用人单位索赔　　B. 寻求当地劳动部门帮助

C. 自己治疗　　　　　D. 走法律途径

24. 如果没人监管，您会违反国家法律规定种植或者捕捞一些动植物吗？

A. 会，反正没人管

B. 不会，要遵守法律

C. 不会，要为孩子做榜样

25. 如果您知道村里有人偷了别家的东西，您会怎么做？

A. 不管不问，多一事不如少一事

B. 偷偷告诉被偷的人家，同时避免自己被报复

C. 去公安局举报

D. 劝其自首

26. 您有没有参与过聚众斗殴、打群架、赌博等类似事件？

A. 有，并且经常

B. 有，只是偶尔

C. 没有，但看见过附近的人做过

D. 自己没参与过，也没见过

27. 如果您发现村干部有违法行为，如收礼、占用公共财产等，您会怎么做？

A. 当作不知道　　B. 和村里其他人私下里谈论

C. 去政府举报　　D. 联合其他人去村干部处评理

28. 如果您被告上法庭，您有什么感觉？

A. 觉得很丢人　　B. 觉得无所谓

C. 觉得很困扰　　D. 视情况而定

29. 大家往往选择“私了”而不愿意打官司的原因是什么

A. 打官司费钱　　B. 没时间去打官司

C. 不知道怎么打官司　　D. 法律没有什么用

E. 私了不伤感情

附录二

关于城镇居民守法意识的现状及其影响因素的调查问卷

大家好！我们是安徽师范大学法学院学生。在党的十八届四中全会提出全面推进依法治国的大背景下，为了解居民的法律意识状况及其影响因素，特制作此问卷。本调查答案无对错之分，能反映您的真实意愿即可，您的答案将被严格保密。希望能得到您的支持与配合，谢谢！

一、被调查人的基本情况：

1. 您的性别　A. 男　　B. 女

2. 您的年龄

A.18 岁及以下　　B.18—25 岁

C.25—45 岁　　D.45 岁以上

3. 您的文化程度

A. 文盲　　B. 小学　　C. 初中

D. 高中　　E. 专科　　F. 本科及以上

二、选择题（将您认为符合题目要求的选项上画钩，可多选）

1. 您对于法律面前人人平等的理解

A. 在法律适用上人人平等

B. 在立法以及法律适用上人人平等

C. 关键是政府与民间法人及公民的平等

D. 不清楚

2. 您认为法律在你的日常生活中的作用如何?

A. 非常重要，我有麻烦首先想到法律途径解决，没有法律我就没有办法生活

B. 比较重要，我有时会尝试用法律保护自己的权益

C. 一般吧，我基本不主动寻求法律途径解决问题，除非迫不得已

D. 没觉得有作用

3. 您在日常生活中，会自觉遵守法律的规定吗?

A. 严格遵守　　B. 大部分遵守

C. 有时会　　D. 对法律规定不了解不遵守

4. 对于我国法律的未来发展状况，您怎么看待?

A. 很有希望，以后会很好

B. 依然是人治大于法治

C. 不清楚

5. 您知道自己有哪些权利义务吗?

A. 知道，我的行为就是根据这个来确定

B. 大体知道我有什么权利义务

C. 我只是知道不犯法

D. 不知道，做人靠良心，那些无所谓

6. 您认为法律没有规定的事，公民________。

A. 可以做　　B. 不可以做　　C. 不清楚　　D. 其他

7. 您与他人发生纠纷，您觉得通过哪种途径解决更好一些？

A. 请双方单位领导出面协调解决

B. 双方和平协商解决

C. 向法院提起诉讼

D. 找关系或中间人解决

E. 其他

8. 您认为打赢官司主要靠________。

A. 律师和法官的私人关系　　B. 自己的请求合理合法

C. 法官的公正　　D. 其他

9. 当您的合法权益受到侵犯时，您会________。

A. 利用法律的手段解决、比如打官司

B. 多一事不如少一事，忍气吞声

C. 带上一群人，拳头解决拿钱私了

D. 找居委会解决

E. 找关系解决

10. 在工作中，如果遇到本单位违反劳动合同的情况，您会________。

A. 找政府部门解决　　B. 找单位领导协商解决

C. 不予计较，以后再说　　D. 通过法律途径解决

E. 其他

11. 某人拾到一个钱包，内有2 000元，但失主很富有，而他目前急需钱，您认为他应当把钱包还给失主吗？

A. 可以不还

B. 可以先用着，以后还

C. 应当还，应当这样做人

D. 应当还，不还就是违法

12. 假如您抓住了偷自己东西的小偷，您将会如何处理？

A. 送到派出所　　B. 交给居委会痛打解恨

C.赔钱了事　　D.其他

13.您认为家庭暴力是什么性质的行为?

A.违法行为　　B.不违法

C.家务事　　D.正常现象　　E.说不清

14.您在遭受家庭暴力之后会采取什么行动?

A.默默忍受　　B.要求离婚

C.找居委会领导或者单位领导

D.报复施暴者　　E.其他

15.公路上闯红灯或者骑车带人以及酒后驾车的行为，您认为 ________。

A.不必大惊小怪　　B.应严格禁止

C.应加以处罚　　D.应加强宣传教育　　E.不好说

16.对于未成年人不良行为或严重不良行为，您认为哪种教育方式最为有效?

A.摆事实讲道理　　B.与孩子讨论，允许其解释

C.暗示或提醒　　D.严厉批评　　E.其他

17.平常在商店买到了假冒伪劣商品，您会怎么处理?

A.自认倒霉

B.找商店理论，不惜代价挽回自己损失

C.通过消协等途径合法解决

D.其他

18.关于禁止燃放烟花爆竹的规定，您的意见是 ______。

A.这是一件造福百姓的好事，坚决拥护

B.我赞成这个规定，但认为应当修改完善

C.现在过节太冷清了，不应当执行这个规定

D. 应当废除这个规定

E. 其他

19. 请问您获得法律知识的最主要途径是什么?

A. 广场法律宣传　　B. 咨询活动

C. 法律知识讲座　　D. 浏览普法网站

E. 观看普法电视节目　　F. 法制文艺演出

G. 报纸杂志　　H. 其他

20. 您觉得影响我国法律有效执行主要原因是________。

A. 法律本身没有足够的权威

B. 执法机关执法不严

C. 一些领导干部不守法

D. 多数人对法律尊重不够

E. 大多数人不了解法律

F. 其他

21. 请问您最关心的有关法律的问题是什么?

A. 婚姻家庭　　B. 居委会对小区的管理

C. 有关就业的问题　　D. 社会医疗保障

E. 有关拆迁的问题　　F. 其他

22. 您认为要提高城镇居民的法律意识，下列哪些因素最为重要?(可多选)

A. 提高城镇居民的科学文化素质

B. 加快城市经济发展

C. 加强立法

D. 加强城市执法和司法

E. 深入开展法制宣传教育

F. 健全、落实居民自治

G. 其他

23. 如果您身边出现未成年人不良行为或严重不良行为，您会采取什么措施？

A. 制止并揭发举报，告诉其监护人

B. 苦口相劝，耐心教育

C. 冷眼旁观，任其发展

D. 其他

24. 您关于提高我省市民的法律意识的宝贵意见。

关于电信诈骗的调研报告[①]

一、背景概述

近年来，各地电信诈骗案件的数量持续上升，诈骗金额和受害人不断增加，给社会和人民群众带来不同程度的危害和损失。随着电信诈骗犯罪手段的发展与丰富，公检法机关针对电信诈骗的打击与防范面临着更多的困难与挑战。本团队以芜湖市为例，通过实地访谈、线上线下问卷调查和收集资料的方法，对芜湖市公安机关、人民法院、人民检察院和社区群众进行实地调研，获取定量信息。通过对这些信息的整合，从电信诈骗的现状、特点、受害对象、综合治理等方面进行深入分析。

二、调查地点、方式

调查地点：芜湖市

调查方式：以问卷调查方式为主，共发放调查问卷400份，包括网上有效问卷235份、实地走访问卷85份，其中回收有效问卷321份。辅以走访公安、司法机关进行调查了解情况。

三、调查结果及分析

（一）三年来案件数据情况

在走访公安机关的过程当中，我们了解到：

① 由安徽师范大学法学院付玉婷，彭龙胜，张看看，杨晓彤，孙鹏飙，叶盼，杨小雨，张慧婷，李冬，刘晓慧，吴梦雅团队完成。本团队以芜湖市为例，重点调查芜湖市的电信诈骗情况。

2013年全市电信诈骗发案1 214起，涉及金额1 630.36万元。2014年全市共发生电信类诈骗案件1 778起，比2013年发案的1 214起上升46.46%；2014年全市电信类诈骗案件被骗金额达2 811万元，比2013年的1 630.36万元上升72%。其中，被骗100万元以上的有1起，被骗50万至100万元的有3起，被骗10万至50万元的有36起，被骗5万至10万元的有64起。2015年1月至11月20日，全市已发生电信类诈骗案件1 753起，被骗50万元以上的有2起，被骗10万至50万元的有36起，被骗5万至10万元的有64起。

从上述数据来看，近三年来芜湖市电信类诈骗案件发案数量不断攀升，涉及金额越来越大。同时，通过调查了解到，很多群众对政府职能部门、银行和电信运营商不能破案、挽回损失，不能预防、制止诈骗的不满情绪也越来越大，受害群众将银行、电信运营商告上法庭的案例也越来越多。

（二）电信诈骗的主要形式

从芜湖市诈骗案件的作案手段（即电信类诈骗犯罪形式）来看，几年来并未发生很大变化，调研结果显示（表格1），芜湖市的电信诈骗类型主要包括：利用改号软件冒充公检法诈骗；打电话冒充机关人员诈骗；通过QQ、微信冒充好友进行网络购物诈骗；冒充银行客服谎称信用卡升级诈骗；购房、购车退税诈骗；冒充军人要求代订货物，网络招聘兼职刷信誉度、刷销量诈骗；冒充航空公司机票改签诈骗等。

问卷调查结果显示，85%的人表示对电信诈骗的各种作案手段有一定的了解，也有5.32%的人对电信诈骗手段毫不了解，且没有人是“十分清楚”电信诈骗的。网络问卷调查结果显示，59.57%的人偶尔遇到电信诈骗，22.34%的人经常遇到电信诈骗，可见电信诈骗在日常生活中时有发生。

在遇到过电信诈骗的人群中，48.16%属于QQ、微信冒充熟人虚构诈骗，66.22%的类型为虚假中奖，短信诈骗、电话诈骗类型所占比例分别为62.21%、60.20%，还有部分属于虚构子女出事要求汇钱，冒充公、检、法、司工作人员诈骗，以及无理由汇款诈骗（见表1）。这反映了在电信诈骗泛滥的情况下，犯罪分子的诈骗手段大致没有新变化。

表1 电信诈骗形式

形式	占比	形式	占比
QQ、微信冒充熟人诈骗	48.16%	电话诈骗	60.20%
短信诈骗	62.21%	虚构子女出事要求汇款	12.4%
无理由汇款诈骗	13.5%	冒充电信局、公、检、法、司工作人员诈骗	15.5%
虚假中奖	66.22%	其他	21.7%

（三）电信诈骗的特点

电信诈骗是借助电信技术的信息传播功能，通过向不特定的人群发布虚假信息，以此骗取公私财物的犯罪行为。根据对芜湖市近三年的案件以及调研结果分析，芜湖市电信诈骗的特点集中表现为以下几个方面：

1.具有高度的隐蔽性

通过走访芜湖市公安局以及市法院、检察院，我们了解到，电信诈骗犯罪分子都往往藏匿于各色面具之后，并不会直接露面，而是借助电话、QQ、微信等即时通信工具来与受害人取得联系。施骗者对受骗者情况了如指掌，甚至能准确说出受骗者家庭住址、工作单位等具体信息，而受骗者对施骗者的信息却一无所知。对于诈骗来的财物，犯罪分子往往通过层层转账、跨域逃窜来最大限度销毁有关犯罪的痕迹，以此来躲避警方的侦查。因此，一般情况下，办案机关难以通过银行账户这一线索来追查犯罪嫌疑人。

2.低成本高获利

在以往的电信诈骗案件中，电信诈骗犯罪分子作案工具通常有手机、电话卡、电脑、信号发射器、银行卡等。他们首先通过私营商贩购买到无需实名登记的电话卡，在网上购买公民的个人信息，再通过手机、电脑等设备来发布大量虚假信息，这一系列的程序耗费成本低，且信息易获取。我们团队在走访的五个小区中，所有被问到的居民都反映有收到过类似被淘宝抽为中奖幸运用户的虚假短信。犯罪分子仅仅通过一个电话，就诈骗到数千元甚至上万元，以极低的成本骗取高额的回报，而相应的行政或者刑事处罚力度却远低于巨额的获利。根据调研结果（见表2），遭受过电信诈骗的群众财产往往难以得到相应的补偿。正因如此，许多不法分子才会千方百计去发布虚假信息，以期谋财。

表2　受骗后得到的赔偿情况

选项	占比
全额追回	7.37%
赔偿金额不到全部金额的一半	4.21%
赔偿金额不到全部金额的20%	5.26%
几乎没有得到什么相关补偿	83.16%

3.犯罪主体流动性大

公安机关相关人员表示，国内有什么新手段，芜湖市就会出现什么新手段。随着城市人流量不断增多，犯罪分子更是跨省跨域四处流窜作案。以芜湖市2015年破获的三起远程诈骗案件为例，4名电信诈骗犯罪嫌疑人于广东被捕，3名电信犯罪嫌疑人于广西被捕，2名电信诈骗犯罪嫌疑人分别于黑龙江、北京被捕。犯罪分子往往不会直接出现在案发当地，即使出现在案发当地，在犯罪目的得逞后，也会立即流窜到离案发地较远的区域，并不断更换隐藏据点，以此来逃避警方的追捕。由于犯罪分子分布较为分散，分布地点不固定且具有隐蔽性，警方在追查犯罪分子时会遇到很多难题，因此很多案件进展显得格外缓慢甚至毫无头绪。

4.成熟的产业化链条，具有组织性和集团性

电信诈骗的主体往往是以团伙而不是个人的形式呈现。这类团伙有着较为明确的分工，组织结构严密，具有较高的协调性和效率性。其纠集方式较多，其中有两种最具代表性：一类是以亲缘、地缘为纽带纠集起来的家族式、地域式诈骗集团；一类是公司化专业诈骗集团。公司化专业诈骗集团采取企业化运作模式，分工细致，采取远程的、非接触式的手段实施诈骗。有专人负责购买手机，有专人负责开银行账户或从网上购买银行卡，有专人负责拨打电话、发短信，有专人负责转账取款，互不通报情况，诈骗成功后，按各自工作业绩比例分配赃款，具有较强的组织性。

（四）电信诈骗的受害群体

从调研结果来看，芜湖市电信类诈骗犯罪的主要受害群体有两类，一类是老年人，一类是在校大学生。

全国人大代表、中国银监会消费者保护局局长邓志毅在

接受《法制晚报》记者专访时表示，近几年全国电信诈骗平均每年损失100亿元，受骗者多为老年人。很多老年人的养老钱，几十万、上百万被一卷而空，弄得家破人亡，老百姓不仅遭受了财产损失，且精神崩溃，家庭和睦也受到了影响。

老年人被诈骗，大多以电话、短信息的方式出现，内容多为虚构子女出事，虚构中奖等。为何会频频落入不法分子的圈套呢？笔者认为老年人容易被骗的原因主要有以下几个方面：

首先，老年人由于年龄较大，对虚假信息的辨别认知能力下降，容易上当受骗。在中国社会老龄化的趋势下，我国空巢老人的数量不断增多，老人没有子女陪伴，很容易成为被诈骗对象。其次，老年人对陌生电话等信息缺乏防范心理，这使得犯罪分子有机可乘、实施诈骗。同时，老年人生活节奏慢，已然跟不上当今互联网时代的步伐，尤其是随着电子信息科技的发展，老人们往往不懂得如何操作电子设备，对电信诈骗更是防不胜防。

电信诈骗的另一主要受害群体为在校大学生。芜湖市自2013年以来，高校园区共发生电信诈骗案件74起。这些诈骗案件主要有以下几种类型：网上购物诈骗，共发34起，占发案的46%；网上找兼职诈骗，共发14起，占发案的19%；冒充亲友身份诈骗，共发12起，占发案的16%；冒充公检法人员诈骗，共发6起，占发案的8%；冒充银行工作人员诈骗，共发3起，占发案的4%；中奖诈骗，共发2起，占发案的3%；冒充慈善机构诈骗，共发2起，占发案的3%；退税诈骗，共发1起。在校大学生是网络购物的主要群体之一，网上购物诈骗占据了大学生电信诈骗案件的46%。另外，由于大学生群体没有独立的经济来源，越来越多的大学生通过兼职赚取部分生活费。诈骗者正是利用了大学生的这一心理，以在网上买点卡刷信誉度、刷好评、刷销售量赚佣金等方式，骗取受害人购买点卡实施诈骗。

（五）防范打击电信诈骗过程中遇到的难题

在走访中，芜湖市公安机关给我们提供了《2015年芜湖市防范打击电信诈骗案件情况通报》。通报中，2015年芜湖市公安局三山分局两赴广东，历时2个月，抓获2名电信犯罪嫌疑人；开发区分局历时3个月，辗转多地共抓获3名电信诈骗犯罪嫌疑人。在走访公安机关时，相关办案人员表示一个电信诈骗案件的侦破一般最少历时1个月。由此可见，电信诈骗打击难度之大，耗时长、投入大，却收获甚微。

在宣传防范工作上，公安机关连同媒体加大了宣传力度。2015年芜湖市公安局与市教育局联合印制了35万份《致学生及家长一封信》，信中总结了近期全市较为突出的几类电信诈骗案件以及警方的提示，在全市中小学发放，并要求学生和家长签名，确保信息通知到位。在各大高校开学之际，又联合学校保卫处对在校学生进行防范电信诈骗的知识普及讲座。同时公安机关还加大了对ATM机的巡查，提醒转账、汇款人员，并着重在转账机器前张贴防骗公告，以减小损失。公安机关110报警服务台和2931111咨询热线发挥阻截作用，阻止诈骗案件的进一步扩大。此外，各大电视台也多次播出防骗节目，各社区在宣传栏张贴布告，宣传电信诈骗相关知识。

可以看出，芜湖市公安机关对于电信诈骗案件高度重视，集中警力物力进行严厉打击，最大力度挽回受害群众的损失。但调查结果显示，仍有73.4%的人认为公安部门打击犯罪能力与水平有待提高。即使大部分群众在遭受电信诈骗后选择向公安机关报案并告诫身边人（见表3），但数据显示有83.16%的人认为在遭受电信诈骗后几乎没有得到相应的补偿（见表2），人们对于公安机关有关电信诈骗的处理结果并不十分满意。我们认为主要是由于以下几方面的原因。

表3　遭遇电信诈骗后做法

遭遇电信诈骗后采取的措施	占比
金额不大，自认倒霉	28.30%
向亲朋好友哭诉	7.7%
向公安机关报案并告诫身边人	59.63%

1.民众对于电信诈骗的认识较少，防范意识薄弱

近年来，芜湖市公安局就防范电信诈骗宣传工作开展了大量的工作，通过宣传手册、报纸报导等多种方式宣传防范电信诈骗的有关知识，但收效甚微（见表4）。在受访人群中选择“自身缺乏对信息的了解，不能识别骗术”的比例高达74.74%，是否容易遭受电信诈骗与受害者的受教育程度并无显著关联，2016年8月29日清华大学教授被电信诈骗1760万元就是典型例证，无论学历多高，都有可能成为电信诈骗的受害者。

通过对受骗人案例分析，不难发现受害人对于电信诈骗犯罪的手段了解甚少，甚至有的受害人收到过公安局发放的防诈骗宣传单，但认为公安局的宣传与遭遇的情况不同而受

骗。群众对于私人信息防护意识仍然较为淡薄（见表5），在日常生活中只有5.26%的群众未在网站或实体店等各类活动、注册中填写自己的真实信息。因此，如何提高民众的防骗意识，将是防范电信诈骗的一大重点。

表4　受骗原因

受骗原因	占比
利益诱惑	46.32%
轻信他人，行事草率	60%
诈骗迷惑性强，技术高超	45.26%
自身缺乏对一些信息的了解，不能识别骗术	74.74%

表5　是否会在商家活动中填写真实个人信息

选项	占比
一般都会	33.68%
经常	12.63%
偶尔	48.42%
从来没有	5.26%

2. 电信类诈骗犯罪自身特点带来的办案困难

电信类诈骗犯罪属于侵财类犯罪，比起侵犯人身安全类犯罪的危害要小很多，此类案件耗时长，收效低，给办案人员侦破带来阻力。

3. 金融机构没有建立周全的防范电信诈骗机制

（1）金融机构开卡办理审核门槛低。虽然金融机构如今实行实名开卡，但一人多卡、不验证开卡的现象泛滥，从而导致出现贩卖银行卡的行为。犯罪分子不用通过实名认证即能得到用于转账的银行卡，这给众多犯罪分子提供了便利。

当诈骗得逞后，犯罪分子迅速通过网银或其他第三方理财平台进行转账，往往会经过三四轮多次转账，将资金转移到安全账户后取出。

（2）办理支付业务审查不严格。银行对第三方支付和POS机的登记信息验证不够严格，导致存在大量虚假信息，准入审查往往流于形式，没有发挥其应有的作用。第三方支付公司不记录POS机使用单位的解款分账行为，造成侦破犯罪成本增加。

（3）对于用户的风险操作没有及时提醒。根据以往的案件分析，受害人一般通过网上银行、ATM机转账，这类转账的金额往往较大，而且伴随着持续转账。对于这类突发形式的转账，银行如果能给予一定的时间限制，就可能阻止许多诈骗的得逞。

（4）金融机构没有更便利地为破案提供帮助。当公安机关办案过程中向金融机构了解情况时，金融机构通常会以保护客户个人信息为由拒绝提供相关信息，或者在异地无法获取当地账户信息，导致错失办案最佳时机，错过抓捕犯罪分子的机会。

4.电信运营商对虚假信息监管缺位

调研中，有高达82.11%的群众认为电信诈骗案件中最应负责的部门应是电信运营商（见表6）。运营商对办理电话卡实名方面规范不够严格，甚至某些私营运营商成批购买电话卡后高额兜售不用实名的电话卡，从而使犯罪分子有机可乘。

运营商对犯罪分子借助网络电话技术，通过自动拨号服务随意拨打电话、冒充银行、电信甚至国家机关人员的行为采取放任态度，甚至对某些地方运营商大规模发送诈骗短信或连位拨号，出现流量异常等情况不管不顾，放任不法分子群呼群叫、群发短信的行为。在一起电信诈骗案件中，常常涉及全国各地多名不法运营商和多家公司参与提供的电信诈骗线路和平台服务。这种监管的缺位无疑给电信诈骗提供了有利的条件。

表6　除受害者自身原因外，哪些部门也应负相关责任

选项	占比
公安部门对防范宣传工作做的不到位	67.37%
公安部门打击犯罪能力与水平有待提高	72.63%
法律支持力度不够，打击力度偏轻	70.53%
电信运营商不履行自身管理职责	82.11%

5.公安机关与检察院、法院存在分歧

根据对芜湖市近年发生的诈骗案件分析来看，电信网络诈骗犯罪存在以下若干法律适用问题：

（1）与检察院、法院在案件管辖上存在分歧。由于电信网络诈骗案件的特殊性，在案件侦办中根据电信流、资金流侦查抓获的嫌疑人并非属于侦办单位的案件，而是其他省市的案件，造成因无本地案件，本地检、法机关不受理的局面，甚至部分通过公安部指定管辖的案件，检察院也不予认可。

（2）证据要求更加严格。法院检察院在审理电信网络案件中需要认定案件要有受害人的报案材料，受害人汇款凭证，嫌疑人与受害人的通话记录，嫌疑人的取款记录，嫌疑人口供等。而实际工作中，电信网络诈骗案件存在调查取证周期长，团伙分工明确（有开卡团伙、实施诈骗团伙、取款团伙等，且各团伙之间人员无联络），嫌疑人作案后即转移、毁灭作案工具等特点，取证难，如受害人通过无卡汇款就无法调取汇款记录。在公检法方面，我国实行在职责范围内办案质量终身负责制以及错案责任倒查问责制；在证据方面，严格要求拥有完整的证据链条。以上两个方面使得当公安机关将案件移交给检察院时，由于电信类诈骗案件取证难，极有可能导致案件最终不能进入审判程序。

如芜湖市三山公安分局侦办的邱某诈骗案件，犯罪嫌疑人郭某在网上专业卖卡，凭借在电信诈骗人员中良好的“口碑”，在网上贩卖“一机双号”手机卡。郭某到案后也供述其卡90%以上卖给了实施电话诈骗人员，也知道这些人是用来诈骗的。但仅有犯罪嫌疑人自述口供远远不够，并没有形成完整的证据链，因此检察机关认为不具有唯一性，不能排除合理怀疑，郭某的行为不构成犯罪。

（3）电信诈骗案件量刑较轻，无法震慑犯罪分子。据统计，芜湖市2013年以来已判决电信诈骗犯罪嫌疑人的刑期，判处10年以上有期徒刑的有6人，判处5—10年的有6人，判处1—5年的有40人，判处1年以下徒刑的有31人，判处缓刑的有18人。其中，判处5年以上的12人中有11人是“海迪农产品期货平台诈骗案”中的犯罪嫌疑人，其他大部分电信诈骗犯罪嫌疑人的判决都是3年以下。巨大的收益、较轻的刑罚，会降低犯罪分子对于犯罪的忧虑度，使犯罪分子铤而走险。

(六) 电信诈骗的综合治理

针对上述电信诈骗案件在办理查证以及审判过程中遇到的难题，通过走访芜湖市公检法机关以及实地调查，现就安徽省电信诈骗综合治理提出以下几点建议：

1. 电信、金融、公安部门联动协防

电信诈骗实质是侵犯了公民财产权，泄露倒卖公民个人身份信息侵犯了公民的隐私权。通过贩卖信息、提供电信网络接入等技术服务，很可能构成共同侵权，甚至构成共同犯罪。

(1) 三部门内部分别出台相应的防范措施。电信监管部门要加强对通信数据、信息及网络的监管，阻断违法信息的传播，并定期进行监督检查，提高相关主体责任意识。通过全面的审查机制，落实实名制，给诈骗分子设置重重难关，阻断或减少虚假诈骗信息的传播。

金融机构要加强对银行卡开户资格的审查，完善第三方支付平台的准入制度，对资金转移严格监控，在案发时积极配合公安机关调出资金走向。

公安机关要不断探索，完善已有的打防机制。由于电信诈骗手法更新快，花样繁多，公安部门应与时俱进，不断丰富打击电信诈骗的手段，不断积累经验，通过合成作战，提高打击电信诈骗的反应能力与处理效率。对侦查人员展开定期培训，提高侦查人员的知识储备，通过一定的激励手段，提高侦查人员的办事积极性和效率。

(2) 三部门之间加强合作，实现资源最大限度共享。根据以往的电信诈骗案件分析，公安部门在追查电信诈骗犯罪嫌疑人相关信息、资金来源与去向、电信通信记录时会遇到重重阻碍。“犯罪分子动动手，办案警员跑断腿”，警方难以及时把握资金去向，更难以对诈骗所得资金进行及时的冻结，当办案人员到达追踪地点时，犯罪分子早已人去楼空。同时，公安部门与电信运营商、各大银行、第三方支付机构缺少合作，警方想要获取相关的资料往往遇到限制，获取权限后则需要多重手续才能调用相关信息。跨区域范围的案件，遇到的困难则更多。

因此，加强省内电信、金融、公安部门之间的合作尤为重要。电信与金融行业应给予公安部门设立专门的信息管理与查询部门，简化查询方式，减少查询手续。利用云数据，搭建一个供警方直接、快速查询的绿色通道，建立全国联动后台档案储备系统。通过网络渠道，可以节省办案时间，把握办案时机，提高办案效率。

2.加强有关电信诈骗案件的立法

通过对芜湖市以往案例的分析，电信诈骗犯罪存在立法和司法解释上的不足，对于定性、量刑等问题缺乏统一的标准。电信诈骗受害人有可能家破人亡，而犯罪分子的定罪量刑却不足以达到震慑效果，犯罪分子往往一而再地从事电信诈骗活动。因此，一方面立法应进一步明确电信诈骗罪的构成条件，将电信诈骗罪设为单独的一项罪名。以明晰的法律条文来规定和约束电信诈骗，为判罚电信诈骗罪提供更加明确的标准；另一方面立法应从罪责刑相适应的原则出发，不同诈骗金额数量区间对应不用的处罚，以达到预防与警示犯罪的效果。

民意反映社会现象，民众对电信诈骗犯罪深恶痛绝，而泄露、兜售公民个人信息的单位、网站等也应该受到法律的制裁。所以通过提高对非法获取公民个人信息类犯罪的法定刑，从源头上减少犯罪行为也不失为一种切实有效的方法。调查中，有将近94.74%的群众都认为对电信诈骗犯罪有必要专门立法（见表7）。

在电信类诈骗过程中，不仅犯罪分子有过错，被害人自身亦有过失。如中奖类电信诈骗为何会屡屡得逞，其中很大因素在于被害人的贪利、趋利之心，加上自身防范意识薄弱，使得犯罪分子有机可乘。

表7　电信诈骗类犯罪是否有单独立法的必要

选项	占比
十分必要	94.74%
没必要，只要加强现有立法打击力度就好	5.26%

3. 建立社会诚信体系

诚实守信是现代市场经济正常运行必不可少的条件，也是公民个人道德风尚的体现。推进信用体系建设通过建立社会诚信档案，对犯罪分子的劣迹存档，让诚信者一路畅行，让失信者寸步能行。

4. 公安机关进一步加大宣传力度

近几年来，虽然相关部门开展了大量宣传工作，但效果不够显著。究其原因，是宣传的角度和侧重点出现了问题（见表8）。83.16%的被调查者通过网络途径获得电信诈骗有关知识，79.79%通过电视获得，而通过报纸、社区橱窗等纸质传播方式了解电信诈骗知识的仅占31.58%和14.74%，还有10.53%的人表示从没了解过该类知识。网络媒体的发达使电信诈骗的宣传得以推广，然而对于接触网络较少的老年人来说，则需要更多的网络之外的宣传方式才能更好地了解电信诈骗知识。报纸、杂志、社区宣传栏都是老年人群关注较多的信息媒介。加大此类宣传方式的力度，宣传效果将会有显著提升。宣传的内容也对宣传效果有较大影响。在受访人群中，60.64%的人表示没有接受过电信诈骗教育，这种教育不仅仅指对于电信诈骗现象的了解，而是对犯罪团伙的作案手段、运作方式、典型诈骗类型的深入了解。如果宣传只停留在表面，不能涉及有效信息，不能带给人民群众防止上当受骗的切实警告，那么，在遭遇电信诈骗时，大多数人将不能第一时间意识到并识别诈骗手段。只有加大宣传力度和广度，提升人民群众防骗意识，才能从源头控制电信诈骗案件的滋生。

表8　获取有关电信诈骗知识的途径

途径	占比
电视	79.79%
报纸	31.58%
广播	22.11%
网络	83.16%
社区橱窗	14.74%
区域法制教育	23.16%
没有了解过该类知识	10.53%
其他	25.26%

提高民众防骗意识的主要措施有：

（1）定期在社区开展防范电信诈骗活动，通过宣讲，发放防范手册、张贴防范公告等方式提高民众对电信诈骗的认识，从而把防范电信诈骗做到微处，做到实处。

（2）利用新媒体渠道，通过民众喜闻乐见的形式，如微信、微博，定期推送防骗技巧、诈骗案例，丰富内容形式，图文并茂，与民众进行积极互动。

（3）加强对学生的教育，通过学生影响其身边的人。如芜湖市开展的“‘小手拉大手’防范电信诈骗进校园活动”。2014年以来，芜湖市公安局与教育部门联合，就各种电信诈骗类型、手段进行总结，印制了《致全体学生及家长的一封信》，全市中、小学生人手一份，与家长共同学习，扩大了防范电信诈骗宣传的受众面。

5.广大群众提高自身防骗维权意识

如果群众在权益面临侵害的情况下都采取消极对待的方式放置问题不去解决，或者意识不到用法律手段解决问题，把违法犯罪行为当作是自己倒霉，就会导致诈骗现象愈演愈烈。因此提升群众的防骗意识非常重要，公检法应该加大宣传，定期向群众普及有关于电信诈骗的知识；公民也应该努力去了解关于电信诈骗的类型，学习关于如何避免电信诈骗的知识，提高自身防骗意识；媒体也应该尽自己的一份力量，普及诈骗知识，揭露诈骗骗局。让不法分子的恶行暴露在阳光之下，给更多的人敲响警钟，提高更多人的防骗意识，避免悲剧的发生。

四、结语

2015年以来，为遏制全省电信网络诈骗犯罪发展蔓延势头，有效拦截冒充公检法类电信诈骗案件，省公安厅建立了反电信网络诈骗中心，运用技术识别手段，即时查找高度疑似正在被骗群众的相关信息，并实时推送各地进行拦截。芜湖市公安局由刑警支队牵头，从各县分局抽调思想政治素质高、业务能力强的民警专司反电信诈骗拦截工作，这对电信诈骗的防范有重大作用，取得了良好的社会效果。

在监督和管理机制还不健全的环境下，诈骗分子利用科技发展，不断升级诈骗手段，防范电信诈骗形势仍不容乐观。虽然电信诈骗类案件侦破难度大，耗费大量人力、财力，但各级公安机关克服各种不利因素，学习各种新的技战法，积极侦查，合成作战，办理案件的能力不断提升。广大群众为了自己的财产安全也在逐步提高防范意识，坚定打击电信诈骗行为的信念不动摇。

通过这次调研，我们发现，大多数人对电信诈骗的防范措施及受骗心理较为了解，并表示支持与其相关的立法活动，这说明公民的法治意识不断提升，这对构建法治安徽具有重要意义。预防和打击犯罪，在当今社会已经不只是公安机关一家之职，更是全民之责。只有全民动员起来，各方联动，共同预防、打击犯罪，构建法治安徽的梦想方可一步一步实现。

附件一

关于电信诈骗的问卷调查

您好！

我们是安徽师范大学暑期社会实践的调查员。为了深入地了解电信诈骗犯罪的现状，本次调查我们将进一步了解其产生原因以及应对措施，希望能够得到您的理解与支持。为保护隐私，不用填写姓名，所有回答只用于统计分析和理论研究。您只需根据实际情况填写，有不明白的地方可以询问调查员。衷心感谢您的支持与配合！

1. 您的性别？

A. 男　　B. 女

2. 您属于以下哪一年龄段？

A.7—17岁　　B.18—40岁

C.41—65岁　　D.66岁以上

3. 您的学历是？

A. 无学历

B. 初等教育（小学）

C. 中等教育（初中、高中、职高、中专、技校）

D. 高等教育（大学专科、大学本科以及大学本科以上教育）

4. 您现在从事的职业是？

A. 机关和事业单位管理人员或普通职工

B. 私营企业主　　　　C. 专业技术人员

D. 大中型企业高中层管理人员或普通员工

E. 商业服务业人员　　F. 进城务工人员

G. 产业工人　　　　　H. 农业劳动者（农林牧渔）

I. 无业/待业　　　　　J. 在校学生

K. 其他 ____________

5. 您的居住情况为？

A. 与父母共同居住　　　B. 与子女共同居住

C. 与配偶居住　　　　　D. 独居

E. 集体宿舍

6. 您在日常生活中，会在一些网站或者实体店等各类活动中，注册填写自己的真实信息资料吗？

A. 一般都会　　　　B. 经常

C. 偶尔　　　　　　D. 从来没有

7. 您遇到电信诈骗吗？

A. 经常有　　　　B. 偶尔　　　　C. 没有

8. 您掉入过电信诈骗的陷阱吗？

A. 经常有　　　　B. 偶尔　　　　C. 没有

9. 您遇到的是何种形式的电信诈骗呢？（多选题）

A. QQ微信冒充熟人虚构诈骗

B. 短信诈骗

C. 电话诈骗

D. 虚假中奖

E. 虚构子女出事要求汇款

F. 冒充电信局、公、检、法、司工作人员诈骗

G.无理由汇款诈骗

H.其他 __________

10.如果您掉入过诈骗陷阱中，您受到了多大程度的损失？

A.1万元以上

B.1000—5000元以上

C.1000元以下

11.（假如）您受骗了，您会怎样做？

A.金额不大，自认倒霉

B.向亲朋好友哭诉

C.向公安机关报案并告诫身边的人

12.您认为受骗的原因是什么？（多选题）

A.利益诱惑

B.轻信他人，行事草率

C.诈骗迷惑性强、技巧高超

D.自身缺乏对一些信息的了解，不能识别一些骗术

13.经历过电信诈骗后，您得到了怎样的补偿？

A.全额追回

B.赔偿金额不到全部金额的一半

C.赔偿金额不到全部金额的20%

D.几乎没有得到什么相关的赔偿

14.您对电信诈骗有何看法？

A.危害社会，应当加强打击、坚决予以清除

B.是个别现象，与个人辨识能力、抗诱惑力有关

C.与我无关，自己不被骗就好

15. 您认为社会对于电信诈骗的防范打击工作做得到位吗?

A. 已经做得非常好了

B. 较有成效，仍需努力

C. 防范知识普及与打击犯罪力度仍然欠缺，需加大工作力度

D. 工作不够到位，需要引起重视

16. 您对电信诈骗的各种作案手段是否有了解?

A. 毫不了解

B. 有一定了解

C. 比较清楚

D. 十分清楚

17. 您认为自己防范电信诈骗的意识是否强烈?

A. 是，有很好的防范

B. 还好，一般

C. 没有什么防范意识

18. 您有没有接受过相关的电信诈骗的教育?

A. 有　　B. 没有

19. 您对有关电信诈骗的知识是通过什么途径获得的?(多选题)

A. 电视　　B. 报纸

C. 广播　　D. 网络

E. 社区橱窗　　F. 区域法制教育

G. 没有了解过该类知识　　H. 其他

20. 您认为排除受害者自身原因外，哪些相关部门也需要

对电信诈骗的犯罪负责？（多选题）

A.公安部门对防范宣传工作做得不到位

B.公安部门打击犯罪能力与水平有待提高

C.法律支持力度不够，打击偏轻

C.电信运营商不履行自身管理职责

21.您认为针对电信诈骗是否有专门立法的必要？

A.十分有必要

B. 没必要，只要加强现有立法打击力度就好

22.您对电信诈骗的防范与打击以及立法方面有哪些建议？

由衷感谢您的合作！

附件二

(一)对法院进行访谈的问题

1. 您审理过电信诈骗案件吗?

2. 一般有哪些种类的电信诈骗案件呢?

3. 审理的哪一类电信诈骗案件居多?

4. 此类案件审理的基本情况是什么样的?就是说,在审理过程中,有没有遇到过困难之处?

5. 电信诈骗案件存在认定难的问题时,法院在严格证据标准方面的做法是什么?

6. 在受理案件时,有遇到过跨境、跨国电信诈骗案件吗?

7. 请问在打击跨境诈骗案件中是如何做到证据裁判?

8. 据了解,在电信诈骗中,仅有不到三成的诈骗被害人得到部分或全部经济赔偿,赔偿金额不到全部涉案金额的10%,那您所接触到的真实情况是怎样的呢?如果真是如此,那么为什么电信诈骗后钱款难追回呢?

9. 在审理电信诈骗案件过程中,除了《最高人民法院 最高人民检察院关于办理诈骗刑事案件具体应用法律若干问题的解释》《刑法》第二百六十六条规定,还有其他定罪量刑依据吗?

10. 您认为这样的打击力度是否到位?

11. 据了解,在国内现行法中,电信诈骗或者说是诈骗罪并未得到专门的立法。但是现在互联网时代,电信诈骗数量及危害在不断增加。结合您的审判经验，您觉得关于电信诈骗有没有专门立法的必要？

(二)对公安机关进行访谈的问题

1. 一年内能办理到多少诈骗案件？大概的数据是多少?其中电信诈骗数量多吗？占比例多少？

2. 将每年的电信诈骗的数量做对比，是呈上升趋势吗？感觉幅度大不大？

3. 近几年，我们芜湖市电信诈骗犯罪有新手段出现吗？您觉得为什么会这样？这类办案难度大吗？

4. 一般侦破一起电信诈骗案件，历时多久？

5. 在电信诈骗案件中，哪一类诈骗手段最多见？这类案件侦破难度大不大？一般公安部门是如何依法进行打击处理的？

6. 听着电信诈骗，感觉是利用新信息时代在作案，需要一定的信息技术，比如说“听号”、建立“伪基站”等。那真实情况是怎样的呢？进行电信诈骗的罪犯的年龄段一般是多少岁？他们受教育程度是怎样的呢？

7. 电信诈骗的犯罪主体是个人还是团伙居多？一般情况下，能否将整个团伙 一举拿下呢？

8. 电信诈骗的犯罪空间一般都比较大，那公安部门在办理相关案件时，遇到的跨省、跨地区、跨境、跨国的电信诈骗案件难度会增大吗？

9. 此类案件在侦查过程中，最大阻碍是什么？

10. 经常收短信，像是运营商官方号码但其实不是，此类电话改号问题，公安部门在办理中是如何处理的？哪类号码一看就是假的？

11. 在电信诈骗中，哪一类人群最容易受骗？他们为何会受骗？他们的受骗心理是怎样的呢？

12. 受害者有没有一个学历上的区分？受骗与受教育程度是否有关？

13. 接受了高等教育的人也会成为受害者吗？为什么会这样呢？

14. 您认为大众对电信诈骗这一块的犯罪有一定的了解和认识吗？为什么？

15. 电信诈骗在国内因为徐玉玉案件引起很大关注，作为公安部门，将如何加大对电信诈骗的打击力度？如何对此类犯罪进行防范？

16. 您觉得，在防范、打击电信诈骗中，与法院等审理机关配合的怎么样？有很多案件最终都未能进入审理程序，这是为什么呢？

17. 我们觉得打击与防范电信诈骗不光只靠公安机关，那从您办案过程中切身体会，还有哪些单位应当负起责任呢？

18. 公安部门怎样提高群众对电信诈骗案件的防范和自我保护意识？

研究社区治理现状，探索社区法治建设[1]

一、背景概述

我国基层群众自治制度的建设与实践活动是在党和政府的主导下开展的，是发展社会主义民主政治的一大优势。坚持和完善基层群众自治制度，不仅可以调动人民群众参政议政的积极性，增强民主的广泛性和真实性，而且使国家能够集中精力解决发展尤其是经济发展问题。城市社区自治组织作为我国基层群众自治组织之一，承担着为当地政府分忧解难、提供多种形式服务的责任和义务。依法治国、建设社会主义法治国家，是我国社会主义民主法治建设的重要目标。社区建设只有与基本法律相结合，才能使社区服务管理更加深入和完善，才能建立健全城市社会服务体系、增强城市服务功能、深化城市各项改革，提高社区居民群众的生活质量和社区服务水平。

二、七个社区简介

（一）安徽省铜陵市义安区惠泉社区

调查人：于园萍。

调查地点：安徽省铜陵市义安区惠泉社区。

社区基本情况：惠泉社区位于铜陵市义安区，紧邻政治

---

① 由安徽师范大学法学院吴有莲，汪佳柔，霍婷婷，于园萍，葛正雄，陈雅倩，李睿，杨雅雯，单平平团队完成。本团队主要以安徽省七大城市社区建设为主要研究对象。

中心，现辖7个居民小区，总户数3012户，总人口9351人，辖区总面积0.6平方公里。驻区机关、企事业单位37家，商业网点413个。设有服务大厅、警务室、党员服务室、党员活动室、计生服务室、图书阅览室、社区卫生服务站、老年活动室、会议室等服务场所。现有工作人员7名，其中党员6名，大专文化程度5人，高中（中专）文化程度2人，社区工作人员平均年龄32岁。

近年来工作现状：

1.社区工作者队伍建设不断加强。由于年龄、文化结构参差不齐，加之工作人员来自各行各业，缺乏社区工作经验，社区工作的发展速度受到制约。为全面提高社区工作效率，惠泉社区采取了集中学习与自学相结合、请进来与走出去相促进的工作方针，加强政治理论学习和业务技能培训。通过学习培训提高了社区工作者对社区工作的认识，开阔了视野，增强了工作能力。

2.社区各项功能逐步趋向完善。近年来，惠泉社区根据工作实践，逐步探索出了以区委区政府为领导、社会各方支持、群众广泛参与的总体工作思路和管理格局。全面完善社区各项功能，社区党建、社区精神文明、社区治安、社区服务、社区文化、社区卫生、社区计生、社区保障等机制运转良好，充分发挥各自的功能，基本达到社区服务的要求，健全了社区基层党组织建设；开展了“平安社区”“文明和谐小区”系列创建活动，强化了“社区是我家，建设靠大家”的文明意识和环保意识，促使居民自觉美化家园、爱护环境，极大丰富了居民文化生活。同时积极推进社区共驻共建工作，医疗、卫生、救助制度得到健全，社区旧貌得到改变，实现了社区资源共享、快速发展。

通过调查发现，惠泉社区居委会的工作行政化倾向严重、工作任务繁重。惠泉社区居委会的功能当前还未能突破“办理政府行政事务为主，办理社区事务为辅”的现状，仍习惯于上级领导布置什么就干什么，工作中表现出较强的依赖性，缺乏社区工作应有的自主性、自治性。社区服务和事务的民主决策与管理工作没有取得明显的效果，社区很少开展法律咨询、法治教育、法治宣传等增长居民法律知识、培养居民法治意识的普法学法活动，也很少开展倡导居民科学文明健康的生活方式、建设社会主义精神文明的思想教育活动。

（二）安徽省铜陵市义安区顺安镇金山社区

调查人：汪佳柔。

调查地点：铜陵市义安区顺安镇金山社区。

社区基本情况：金山社区成立于2008年9月，始初为金山村和金岱居委会合并，辖区面积2.5平方公里，交通便利，区位优势明显，是规划建设中的东部城区核心区的组成部分。现有15个村（居）民小组，住户1 616户，户籍人口3 144人，居住人口约5 600人，流动人口约1 500人；辖区单位4个，其中机关单位3个，学校1个；个体商业网点168个；有志愿者队伍6支，共计167人。

社区管理人员概况：党组织在社区建设中充分发挥了先锋模范作用。社区党员总数59名，其中妇女党员14名，流动党员3名，离退休党员7名，生活困难党员5名。党员中大专以上学历12名，中专（高中）学历29名，初中及以下学历

18名。

社区现状：金山社区目前法律服务功能欠缺，百姓很难在社区队伍中寻求专业化的法律援助。但基本普法宣传力度大大提升，社区在多个居民小区（如牡丹新村、凤凰城等）居民活动中心设置法制宣传栏，普法学法氛围良好。

社区提供的服务项目主要集中在教育、文娱服务、环境服务和医疗服务。在提供法律援助服务方面只有10%的居民认为社区当前提供的服务项目中存在法律援助，这反映社区法律援助服务功能的缺失，社区法律工作者队伍建设还不完善，不能从根本上保护居民的合法权益。在提升社区法律服务效力上，90%以上的调查对象认为社区还需通过加强领导机构建设、筹措专项经费、建立专业法律团队等方式来完善社区治理体系。80%以上的居民遇到纠纷后选择居民委员会和私下协调解决，很少有居民选择自己主动运用法律维权。社区的法治完善不仅仅要依靠社区领导队伍的力量，更要通过提升居民法律意识，使社区居民广泛参与到社区法治建设中来。在对调查对象个体数据分析发现，社区居民对社区服务的要求呈现出个体化差异。青年是扩大社区参与的主力军，青年更愿意积极参与社区管理活动。社区近期通过增设居民宣传栏，并建立专业化的统一的信息平台等方式扩大宣传，争取更广泛的民主参与，将社区法治建设提上新台阶。

（三）安徽省芜湖市弋江澛港街道汇成社区

调查人：单平平。

调查地点：安徽省芜湖市弋江区澛港街道汇成社区。

管理模式：街道党工委办事处管理。

管理范围：汇成社区隶属弋江区澛港街道办事处，位于城南高校园区中心，其东临南塘湖路、南靠大工山路，西至九华南路，北接乌霞山路；毗邻国际会展中心和安徽师范大学，属商住混合型的大型居住社区。辖区总面积0.166平方公里，总户数为3 253户。

社区特色：在澛港街道党工委、办事处领导下，汇成社区综合治理工作坚持“打防并举”治理原则，努力打造和谐社区。汇成社区在努力做好基础工作优质服务的同时，充分结合社区实际，打造社区特色品牌，开展社区特色活动，如廉政文化建设、科普活动室、法治文化广场、少数民族人口流动示范点、农家书屋等。在廉政文化建设方面，汇成社区按照弋江区“一居一品”特色社区创建活动要求，以“廉政文化进社区”为主要内容，以加强廉政宣传教育为抓手，以丰富廉政文化活动为载体，努力打造廉政文化示范社区。社区精心打造居民休闲的“汇贤亭”和“成君亭”，亭阁上的廉政对联诠释着“鸣廉政警钟，扬清风正气”的廉政主题。社区于2012年12月被芜湖市纪委授予市级“廉政文化进社区”示范点荣誉称号。汇成社区自成为民主法治示范社区以来，积极营造民主法治社区氛围，增强居民法治观念，发扬社区居民自治。为此，社区建立了法治文化广场，用于各类法治文化活动的开展和法律知识的宣传普及。

该社区居民在被问及社区居委会工作人员产生方式这一问题时，只有13.33%的居民选择了民主选举这一选项，这在一定程度上表明该社区民主程度较低。社区居民对社区建设的参与度不足，有56.67%的居民表示没有向社区提出过任何意见或建议。虽然社区建立了法治文化广场，但仅有36.67%的居民表示社区提供了法律援助，说明社区法治建设有待进一步提高。

（四）安徽省芜湖市芜湖县花桥镇横岗社区

调查人：霍婷婷。

调查地点：芜湖市芜湖县花桥镇横岗社区。

管理模式：由县政府直接管理，与街道办事处平级，主要管理非农业户口。

社区部门：主要有四个，即社会救助部门，社会保障部门，综合服务部门，计划生育部门。

社区工作职责：与居民谈心交心消除疑问，为邻里互动搭建桥梁。做心理疏导宽解民心，化解居民矛盾干戈。帮扶居民解决困难，政策咨询解答民惑。监察卫生美化环境，排查安全消除隐患。指导计划生育，创造和谐社区。

社区管理制度：岗位责任制、首问负责制、一次性告知制、随时办结制、上门服务制、办理预约制、值班制。

治理难点：经费不足，一年只有十几万，由政府拨款。

社区特色：积极学习借鉴外地经验，结合横岗实际，围绕“便于服务管理、便于开发社区资源、便于社区居民自治”的原则，进行了一系列的探索和实践。如承诺制度，包括个人承诺、三年任期目标、党组织年度工作计划和工作责任清单，亮身份、晒承诺、比奉献；党务公开，包含政治思想、党务管理、基层组织、双联系、党风廉政等内容，财务公开，每三个月公开一次财务信息。此外，社区管理还建立了社区管理岗位责任制、首问负责制、一次性告知制、随时办结制、上门服务制、办理预约制、值班制等制度，规范社区工作，提高居民参与度。

通过数据分析，年龄段在30岁以下的居民普遍和社区打交道较少，对社区不甚了解；而30岁以上居民对社区了解相对较多，并向社区提出过一定的建议和意见。在小区发生纠纷时，一部分人不愿意去居委会调解，而会选择私下协调解决，社区在调解纠纷这一块的功能还不突出。三分之一的人对居委会办事能力与效率的信任度较低，因而不愿参加社区活动。50%的人认为需要加强专业化队伍建设，73.33%的居民表示社区依法治理首先要解决的问题是完善相关法律，如修订居委会组织法，认为健全的法律政策是社区法治建设的保障。

（五）安徽省宣城市宣州区水阳镇裘公社区

调查地点：宣城市宣州区水阳镇裘公社区（由裘东村和街道居委会合并而成）。

管理模式：街道居委会管理，上级党委和政府领导。

管理范围：裘公社区党总支下设4个支部(团结支部、先锋支部、综合支部、棉种场支部)，党员人数208人（其中预备党员4名）。居委会下辖21个村民小组、4个居民小组、1个棉种场，辖区面积4.5平方公里，居民1 097户，总人口3 984人，其中农业人口2 733人、非农业居民1 251人，拥有耕地2 570亩，可养殖水面面积964亩。

社区现状：社区两委抓住社会主义新农村建设的契机，坚持依法治区、服务居民原则，大力发展社区经济，加大集镇和各项基础设施建设力度。现在，集镇建设已步入快车道，小城镇建设也初具规模。社区内的交通十分便利，裘水公路穿径而过，四通八达的公路网已经形成。

治理经验：裘公社区是个以种、养为主的农业村，主导产业是棉花种植和蟹苗养殖。社区两委以服务居民为已任，一手抓经济文明建设，一手抓物质文明建设，为推动工作开展，亲临现场协调指导，强化工作力度。同时，街道真正把该项工作摆在重要位置，做到有安排、有落实、有成效，逐步形成相关职能部门指导检查、社区内单位密切配合、居民共同参与的街道社区依法治理的工作体系。社区依据政策和法律，就社区管理、社区生活和自身开展经济活动中普遍存在的矛盾纠纷广泛开展相关法律、法规的宣传活动。引导居民走科学致富之路，搞多种经营。自从该社区被列为推进社会主义新农村建设省级示范村以来，两委班子带领3800多村（居）民始终把“新”作为新农村建设和农业产业结构调整的落脚点。

（六）安徽省宣城市宣州区沈村镇沈村社区

调查人：陈雅倩。

调查地点：宣城市宣州区沈村镇沈村社区。

管理模式：由政府直接管理，与街道办事处平级，管理沈村街道及其周边农村地区事务。

社区主要机构：主要有四个，即社会救助部门，社会保障部门，综合服务部门，计划生育部门。

社区管理制度：岗位责任制，值班制，选举公开制，卫生责任制，医疗保险制，义务教育经费保障制，计划生育家庭特别扶助机制，办理预约制。

治理难点：居民配合度不高，工作落实情况有待改善，经费不足。

社区特色：公开制度，包括党务公开、财务公开、选举公开。卫生评选制度，通过评选十佳清洁家庭改善社区卫生。

沈村社区高度重视安全生产的法治化。为把新《安全生产法》宣传贯彻落实到位，社区组织全体机关干部集中学习新修订的《安全生产法》。另外，沈村镇建立健全“一岗双责、齐抓共管”的安全生产责任体系，预防和减少生产安全事故。为进一步加强农民工的安全生产教育，沈村司法所深入村镇，走访每户家庭开展调研，了解在实际生活中的困难和需要，在此调研基础上制定与之相适应的普法工作方案，开展针对性法制宣传教育活动。同时做好法律咨询服务，组织司法所工作人员深入农民工群体中开展送法活动，并通过加强就业指导、纠纷调解和法律服务为农民工解疑释惑、排查纠纷、化解矛盾，促进社会和谐。

（七）安徽省安庆桐城市龙腾街道桃园社区

调查人：李睿。

调查地点：安徽省桐城市龙腾街道桃园社区。

社区性质：街道居委会，属于小区型社区。

管理范围：龙腾街道办事处位于桐城市区东境，现辖钱庄、兴元、桃园、大王4个社区，水源、东郊、望城、向前、坊正、新桥6个村，辖区总面积43.2平方公里，辖区总人口4.7万人，其中农业人口2.5万人。辖区地理位置优越，沪蓉高速公路纵贯全境，合九铁路临北而过，宽敞秀丽的龙腾路横跨行政区域，连接高速公路出入口和主城区。现已形成机械电子、医药食品、家纺服装、包装印刷四大产业集群。

社区管理现状：近些年来，由于社区开展开发土地等项目工程，人口流动量较大，外来人口大量涌入，社区管理难度加大，社区治安和环境恶化。针对这一情况，社区成立专门工作小组，不断加大社区的管理力度。并按照“村民自愿、村民受益、民主决策、一事一议”的原则，用足用活“一事一议”财政奖补政策，真正做到依法为民办事，促进社区更好更快发展。同时，为加强贯彻落实法制进社区的有关要求，结合民主法治社区工作，深入开展“法制进社区”活动。为适应法治社区的发展，社区还以司法所为中心，整合社区法律人才资源，组建社区法律服务志愿者队伍，为居民常年提供法律服务。

调查显示有72.73%的居民认为应该让居民参与社区管理制度制订，激发居民自主意识，才能提高居民参与社区管理的积极性。在开展创建民主法治示范社区工作中，宣传不到位、形式不新颖、不考虑社区居民的法律素质、社区宣传的基础设施不完善、社区中矛盾纠纷较多、调节服务不到位、没有有效及时地化解社区居民之间的矛盾纠纷，都会为和谐法治社区的建立埋下隐患。

三、七个社区调查数据分析

通过整理七个社区325份调查数据，我们发现，虽然不同社区的某些问题存在差异，但总的方向大致相同，得出以下结论：

1. 通过对七个不同城市社区的调查访问得知，七个社区的管理模式基本上一致，都是由街道办管理和指导，或者由政府直接管理，与街道办事处平级。

2. 本次调查对象性别比例大致平衡，调查对象年龄主要集中在18—50岁，高龄及未成年占比小，调查对象大多是18—30岁之间的学生及已经建立家庭的中年男女。学历上大学本科和初中以下学历的占大多数，已经有稳定工作的、户口是本社区的居民占多数。调查对象具有多样性，学历分布平均，硕士及以上高学历比例低，普遍年轻化、知识化及本地化，调查结果也比较具有代表性、科学性和民主性。

3. 总体调查结果显示，有55%的居民户口属于本社区，45%的居民来自本市其他社区或者外地城镇和农村，将近一半的居民都不是本土化的居民。可见社区人口地域构成复杂，人口流动量增大，户籍管理难度增加，各种人口问题大大增加了社区户籍管理的难度。

4. 在对调查对象个体数据分析时发现，社区居民对社区服务的要求呈现出个体化差异。年轻人更愿意参与社区管理活动，希望提升社区环境绿化和就业劳动服务，而年纪大的居民则更关注社区的医疗服务和文化娱乐活动。

5. 居民对于社区居委会及工作人员了解甚少。在问及对社区部门及工作人员有多少了解时，有48%的居民表示不了解，38%的居民也仅仅是简单了解。对于社区工作人员的工作能力和道德品行方面，有47%的居民表示其思想作风端正，但工作能力有待加强，有10%的居民认为工作人员德才兼失，这类人在生活中遇到各种矛盾纠纷时往往更倾向于私下调解。居民处理纠纷时偏向于大事化小小事化了的根本原因是居民对社区管理能力和调解纠纷水平的不信任。他们认为社区工作人员工作散漫，工作效率低下，居委会的工作公开制度还有待完善。另外，有过半的居民表示从没向居委会或者其工作人员提出过意见和建议。对于居委会发挥作用的问题，31%的居民认为还不如让居民自主管理社区来得有效。从调查结果来看，居民对社区居委会及其工作人员了解甚少，而且信任度低，表明居委会现在工作透明度低，居委会在居民心中的认同度不够，有的甚至形同虚设。

6. 尽管居民对居委会的认可度不高，但在平时生活中邻里关系相处还算融洽，近80%的居民觉得邻里关系较为和谐或者相处很好。对社区的各种消息来源渠道就有过半居民是通过居民之间的交谈中得知的。从中我们可以看出居民日常生活幸福度相对较高，邻里之间矛盾少。

7. 有53%的居民认为社区居委会的成员是依靠民主选举选出来的，说明我国的社区居委会选举民主化工作取得了一定进展。但是仍有一小部分的居民认为社区居委会的成员是依靠各种关系进来的，这反映出我国社区治理依然存在着一些问题。对于社区医疗水平问题，大部分居民表示还算满意，这说明随着我国经济发展，社区医疗等各种公共设施建设也更加完善。尽管居民对居委会工作认可度低，但除了少部分居民对于参与社区管理比较被动外，大部分受访居民都表示愿意献出时间和精力来为社区的建设做出自己的贡献，能否激发居民对社区工作和建设的积极性成为社区工作重要内容。

8. 社区活动宣传不到位。多数居民表示自己从未参加过任何形式的社区活动，还有居民表示社区从未开展过任何活动。居民普遍认为社区应该多举办各种利民便民活动，如针对老年人的服务，包括基本体检、紧急救助呼叫系统、日间照料中心集中托管等；教育方面的服务，包括科学普及、健康教育、社区文明、育儿知识、婚前教育等。社区活动少，宣传力度小，造成居民在社区管理中的参与度低，对居委会的了解程度也相对较低。形式多样的社区活动对社区建设具有重要意义，不仅可以丰富居民生活，提高居民幸福度，也能改进居委会和居民之间的关系，提高社区服务能力与水平。

9.社区居委会管理与服务水平的有限造成居民对社区归属感不强，对居委会办事能力与效率的信任度与信心低。针对这一问题，社区居委会应该加大宣传，使居民了解参与社区管理的重要性。要实现社区财政、选举等程序的公开透明化；尊重居民的智慧，让居民参与社区管理制度制定，激发居民自主意识；开展操作性强的文娱体育专题活动等。社区还需要改革完善安全、环卫、选举、文化、管理等制度，贯彻落实《中华人民共和国城市居委会组织法》，依法治理社区，建立合理完善的领导机构，划拨专项经费，建设专业化队伍（聘请法官、律师等），提升居民素质，推动居民参与。多措并举，提升社区的服务与管理水平，不断提升居民对居委会的信任度和认可度。

四、我国城市社区管理中存在的问题及其成因

（一）社区管理存在的问题

1.居民对社区的归属感不强

在采访过程中，我们发现居民生活中与社区居委会很少

有互动，有的居民甚至不知道自己所属社区名字，更不了解社区工作人员，认为自己是独立的个体，不属于社区居委会管辖。在面对各种问题、纠纷时鲜有求助居委会，参加的社区活动更是寥寥可数，甚至有些居民从没参加过社区任何公共活动。居民对社区居委会归属感不强、信任度不高、了解度与参与度低。

2.社区人口户籍管理难度大

随着我国经济、交通水平的发展和进步，人口流动量增加，多地城镇及农村劳动力的大量涌入，使社区原本固定的人口变成了混合型人口，社区中有将近一半的人口来自其他地区。人口的复杂化、多样化增加了社区人口户籍管理上的难度，对流动人口的管理相对困难，造成管理工作的不固定性，给社区发展带来一定的影响。另外，社区的中老年人数量急剧增加，空巢老人也越来越多。服务对象的复杂化，给社区传统的单一的管理带来诸多新问题和挑战，单一传统的社区管理模式已难以适应社区辅助人口户籍管理的要求。

3.居民和社区工作人员缺乏法治思维

居民和社区工作人员缺乏法律知识、法治意识淡薄是目前社区存在的一大问题。在日常生活中，居民之间常常因为意见不合、利益冲突等问题引发各种矛盾，许多居民法律意识淡薄，往往通过吵架甚至打架等粗暴的方式解决争端，甚至手持利器不顾后果仅逞一时之快。而社区领导干部想问题、作决策、办事情没有能适应人民群众多元化诉求和需求，没有运用法治方式解决问题、协调关系、处理纠纷，也没有及时合理地对其进行劝导教育。社区没有解决民事、刑事的法律途径和平台，本来一件很小的民事争端因为居民和社区工作者缺乏法律意识而造成不可挽回的后果。

（二）社区自身原因

1.社区居委会法治队伍素质偏低

居委会组成人员多是本科以下学历，专业水平不高。从调查的所有社区干部看，初高中以下文化程度的占较大比例，他们没有熟练掌握必需的政策和法律知识，也没有较强的政策和法律意识，相当一部分工作人员不具备专业的工作知识和处理复杂社区问题的能力，不能及时依据政策、法律科学合理地为居民解决所遇到的问题。传统的行政管理手段使社区自治组织的管理面临极大的挑战，人员配备所承担的职责与社区要求不相适应。社区基层干部和工作人员大多数没有经过专业培训，也没有培养起与工作相匹配的法治素质，缺少社区建设、管理、法律服务方面的经验，从而影响社区普法工作的顺利开展。

2.社区工作人员工作效率低

走访过程中我们发现，有一大部分社区工作人员年龄偏大，工作方式落后陈旧，难以跟上科技快速发展的社会潮流，工作人员大部分时间都忙于填写报表、资料汇总等具体事务性工作，即使居委会配备了多台电脑和先进的电子设备，但会使用的工作人员却寥寥无几，这些技术上的缺陷让社区民主自治组织的管理受到极大的挑战。人员配备所承担的职责与社区的要求不相适应，不仅造成办公资源的浪费，而且使居委会工作变得更加繁重，大大降低了工作效率，致使居委会的工作经常处于两难的窘境。

3.社区信息化建设不够完善

许多社区没有建立起完善的信息共享平台，居民了解社区渠道单一，如在互联网上艰难查询到社区相关的工作动态。居民对社区的了解大多从社区宣传栏和居民之间的交谈中获取，居民对社区基本情况认知程度低，居委会宣传又少。社区信息建设的不完善不利于居民及时有效地了解社区工作和近期情况，进而影响居民参与的积极性。

4.社区普法宣传教育等服务功能缺位

随着城市建设的快速发展，城市居民对社区服务的需求越来越大，依赖度越来越高，但社区服务规模、内容、档次还不能完全适应和满足社区居民的需求。主要问题在于：一方面对社区服务存在认识上的误区，把社区服务完全“市场化”，将社区服务看作发展街道福利的财源经济；另一方面，形同小“政府”的社区存在着“衣食住行无力管，升级达标使劲抓”的缺位、越位现象。社区活动形式较单一，除了居委会选举、社区宣传栏宣传安全等教育服务，鲜少举办能丰富社区居民生活的文娱体育等特色活动。社区较少重视普法教育、促进依法治国方略的落实以及提高居民法律意识和丰富居民法律知识等方面，几乎没有开展过消防演习等活动，更别说法律援助、就业劳动、家政等服务。特殊重点人群如老年人福利、学生奖助基金等社区福利制度还不完善。随着社会的不断发展，以人为本思想的不断深入，这些服务会越来越为居民所需要，社区服务工作的落实也是社区管理与服务水平不断提升的体现。

5.社区基础设施不完善

在我们走访了解中发现，社区基础服务设施建设还存在许多问题，达不到居民理想的社区模样。如居民产生纠纷时没有好的机构、途径解决；社区医疗水平低，就医难、就医贵；年轻人没有好的就业指导；老年人得不到基本的身心健康保障，如缺乏体检、紧急救助呼叫系统、日间照料中心、集中托管定时陪聊陪读；社区配餐和饮食指导等服务设施没有或者设施建立不完善等。居民希望邻里关系和谐，得到精神上的满足，但社区缺少文化氛围，整年下来几乎没有举办什么积极健康有趣的文娱体育活动。社区没有建立起完善的服务体系，难以得到居民的支持，也就难以管理好社区。

6.社区治理法治化程度低

许多社区法治化建设程度低，社区普法活动少，管理制度不够科学，管理法治不够完善，居民素质还有待提高。调查结果显示，对于社区开展过哪些活动，只有12%的居民选择了“消防安全演习宣传”，31%的居民选择“法律咨询、法治教育、法制宣传”的选项；对于社区要依法治理首先要解决哪些问题（多选题）这一问题，有58%的居民认为应该完善相关法律，如修订居委会组织法；55%的居民认为应该建立合理完善的领导机构；44%的居民建议建设专业化队伍(聘请法官、律师等)。这些调查结果表明社区治理法制化还有很长的路要走。

（三）社区外部原因

1.社区工作职能错位，社区管理精力不足

社区建设是一项系统工程，与政府职能转变密切相关。

随着政府工作重心下移，政府各职能部门都在社区设立工作机构，将原本由部门承担的工作转嫁给社区。“社区是个筐，啥都往里装”是目前社区承载量的真实写照。社区成为地方政府及其职能部门工作的承受层，造成社区居委会和政府部门的关系在理论与现实上出现了错位。表面上政府与居委会之间没有行政上的隶属关系，但是居委会的行政性倾向明显，政府对居委会工作事务的干预包括了从人员配备等重要事务到居委会日常琐碎的宽广范围。这使得居委会工作量严重超标，疲于应付、不堪重负，影响了管理社区、服务居民、开发就业等重要职能的发挥，使得居委会在政府和居民之间处境尴尬，吃力不讨好。

2.社区经费不足

社区管理中的经费大多由政府统一拨款，或由街道办事处统筹安排。由于政府提供的经费少，使得居委会经常难以更好地实现社区的管理与服务。这在一定程度上制约了社区居委会工作的主动性，也大大消减了居委会工作的灵活变通性。居委会没有充足资金来开展各种活动，就难以获得居民对居委会的认可和支持。

五、完善我国城市社区治理的若干建议

城市社区建设工作主要任务为拓展社区服务、加强社区治安、发展社区卫生、美化社区环境、繁荣社区文化，是要建设一个基于中国优秀传统之上的守望相助、尊老护幼、知理立德、以法治国的现代文明社会。这不仅要加强对社区的管理，而且还要确定社区管理的目标定位并使之成为现实，

使社区变成自我管理、自我服务的新型社区。因此，在实行自我管理的前提下，应以社区居委会为依托，以发展社区服务为龙头，以提高居民整体素质和生活质量为宗旨，不断强化社区组织、协调、凝聚的职能，加快推进社区法治化进程，将社区建成居民自治、管理工作有序、服务功能配套、治安状况良好、社区环境优美、居民和谐相处的新型社区。

1.加强社区治理法治化

社区治理涉及社会生活的方方面面，治理者与被治理者存在着一系列的法律关系。要搞好社区治理，必须以法律为准绳，明确各方面的权责，严格依法治理，才能体现社区治理的权威性，保持社区工作的协调性，这是社区治理的最基本手段。在日常工作中，坚持从社区内部入手，制定完善一系列的治理制度，如修订居委会组织法、建立合理完善的领导机构、建设专业化法律队伍、聘请法官、律师等，为社区工作的规范化、制度化、法制化建设打下一定的基础。引导居民以理性合法的形式表达自己的利益需求，妥善解决相互之间的矛盾纠纷，自觉维护安定团结的社区氛围，协调解决社区与物业、物业与业主、社区与居民之间一些制度规范的冲突，加快推进社区治理的法治化进程。

2.提高社区工作队伍的专业化和法律素质

社区是城市的基本组成部分，加快社区建设是提升城市化水平的有效路径。随着改革的不断深化，社区的地位和功能发生了重大变化，其管理、服务和自治的任务日益繁重，现有的管理体制和工作机制已明显不适应新形势新任务的要求。深化社区管理体制和工作机制的改革，创新社区管理体制和工作机制，已成为构建和谐社区的迫切需要。为适应社区自治管理和社区实际工作需要，针对目前许多社区“便民服务队”缺乏专业知识、法治素质不高，一些服务项目解决不了，社区干部的计算机操作水平不高，办公自动化程度低等问题，社区管理者应采取相应对策：一要加强社区服务站的建设，不断扩大志愿者队伍，动员社区内的机关、企事业单位和各种新经济组织、社团组织、志愿者组织，主动承担社区公共服务的义务；二要建立一支专业化队伍，对分散社区的服务人员分期、分批进行专业培训，持证上岗；三是招聘有专业知识、紧跟潮流、品德高尚的人员代替原有的水平低、德才兼失、跟不上时代发展的工作人员；四是培训社区工作人员知法守法、掌握与工作相关的法律知识，要求社区工作者必须懂政策、懂法律，严格按政策法律办事。推进社区的人才结构向着专业化、法制化、知识化、年轻化、智能化的方向发展，提高社区工作人员的文化水平、综合素质和管理组织能力，从而为社区群众提供更满意、更优质的服务。

3.加强社区民主自治建设

居委会应着力推进居民自治的制度化、规范化、程序化建设，充分发挥居民参与管理的作用。重视居民民主自治建设，成立社区居民代表大会，举行社区居委会选举大会，发动居民参与社区共建等活动讨论，决定社区的重大事项，真正实现社区居民自我管理、自我教育、自我服务、自我监督。推进社区民主选举、民主决策、民主管理、民主监督，着力理顺居委会与业主委员会、物业企业、社会组织等关系，推进社区多元治理、协同治理、依法治理，共建民主和谐的社区。

4.培育居民精神素质能力，提升社区文化水平

社区成员素质包括居民的思想道德、文化、专业和身体健康素质。要大力发展先进的社区文化事业，在社区内成立社区图书馆、读书讨论会，积极支持居民自主开展各种健康有益的文化活动，营造优美的社区人文环境，为居民学习科学文化知识培养崇尚科学、反对迷信的品质，培育良好的道德风尚，树立与社会主义市场经济体制相适应的现代社会意识。做好街巷保洁、爱国卫生、环境保护、节水保源等教育工作，爱护自己的家园、使人人增强优美社区环境的意识，确保社区环境卫生整洁、空气清新。加强社区精神文明建设，社区应多开展精神文明活动，大力宣传乐于助人、拾金不昧、学会感恩、努力拼搏等正能量，让居民拥有源源不断的精神食粮，有利于社区文明的传承与发展，也能促使社区居民的价值观得到升华。

5.完善社区服务设施，提升居民归属感

不断拓展社区服务领域，逐步完善配套的社区服务功能，提升社区服务水平与服务能力，是居民群众安居乐业的前提条件。社区服务的目标应定位在为居民提供优质的配套服务上。同时社区服务应以满足居民最大利益为出发点，在做好各类“福利”服务的前提下，把工作重心放在大力发展便民服务上。对涉及居民吃、住、行、医等事情，一是要采取多种形式，坚持经常性地做好宣传健康饮食合理膳食教育，如在社区宣传栏上粘贴健康饮食建议，在社区网络信息平台推送健康食谱等，使居民潜移默化地接受健康饮食方

式；二是打造优美的社区环境，积极开展社区绿化活动，配合城市建设，实现户户植绿、常年见绿、春色满园的优美环境，让居民住得舒适、住得愉快；三是完善基础交通建设，让居民有舒适便捷的公路，并在人多车多的地方配备红绿灯设备、交警以保障居民出行安全；四要建立齐全的医疗设备，在本社区建立基本的医疗服务站，让居民能够及时方便会诊，并要建立紧急呼叫系统，一旦居民家里有小孩、老人等发生紧急医疗事故能及时得到救助。此外，加强对各类传染病的防治，提高社区居民的身体素质，保障社区居民的身心健康。只有履行好服务社区、居民的职责，真心实意地服务社区、为社区着想，才能取得居民的支持，才能提升居民对社区的归属感。

6.加大社区普法等各种活动宣传力度

社区当前服务项目较少，安全制度、选举制度、管理制度还不够完善，就需要在活动宣传上做足工夫。如果居民只能通过社区宣传栏了解社区，又如何提高积极性呢？居民们理想社区是文娱活动多的、经常开展大众喜闻乐见项目的社区。为了促进社区的有效治理，提高居民参与社区管理的积极性，应该尽可能地加大社区活动宣传力度，将社区活动普及到不同文化层次的居民。同时，随着社区网络服务不断深入，可以使用现代化的信息科技，形成社区网络化服务管理信息系统、街道网络化服务管理中心，使现代信息技术的科学优势和社区自治组织接地气的长项互相叠加。以人为本，完善服务意识，才能全民参与，社区普法工作更是如此。所以，加强社区法治建设首先要从全民普法活动开始。今年，安徽省各市大力推进法治建设，如合肥市编印“七五”普法首本辅导教材免费发放给市民，淮北市举办首届“棚改知识知多少”有奖知识竞猜活动，都在很大程度上普及了法律知识，推动居民法治意识的提升。总体来说，社区应吸收借鉴现有经验，充分利用网络媒体渠道，构建统一社区基础信息平台，打造服务便捷的智慧社区，提高居民的法治意识与自治积极性，让居民都参与到社区建设中来。

7. 多渠道筹措资金，加大资金投入力度

城市社区居委会是居民自我管理、自我教育和自我服务的基层群众自治组织，能够反应基层群众的利益诉求。社区可以通过多种渠道筹措资金，加大对社区建设的资金支持力度。具体来说，可以采取下列办法：一是财政承担一部分，每年财政将社区建设部分经费列入经费预算，并确保落实，切实发挥政府投入的主渠道作用；二是协调有关职能部门，当相关职能部门下放职权时，可将一部分工作经费转移到社区；三是寻求辖区内联系单位或是共建单位的赞助，辖区内的单位既是社区建设主体又是社区建设受益者，同时发动政府的号召力来为社区提供赞助；四是充分利用社区现有的服务硬件设施，通过有偿或者低偿服务的方式，自行解决一部分资金。可以通过政府部门的预算，每年定额划拨一部分经费用于社区添置相关硬件设施，如电脑、图书、多媒体音响等，完善社区对居民的服务。

另外，可以联系有关部门单位进行设施、设备的申请，如联系文广新局为社区添设健身器材，方便居民健身。加大对公益广告的宣传，张贴贴近生活的提示性标语，让社区居民在潜移默化中接受文化教育。如果社区管理辖区为老旧小区，也可以通过住建委等相关部门申请进行老旧小区改造工程，不断完善硬件设施的建设。硬件设施的完善是社区建设发展最基本内容，硬件设施的建设是社区管理工作能顺利进行的有力保障。

8.加强社区治安管理，保护居民合法权益

社区治理应遵从《治安管理处罚法》等法律法规，加强完善社区保障建设，抓好社区治安重点工作。

（1）确保社区妇女、儿童、残疾人、老年人等特殊人群的合理诉求和合法权益不受侵犯。扩大社区老人和弱势群体优待范围，满足老人享受社区公共服务的需求。加快社区卫生服务中心（站）的建设，强化卫生服务和卫生站的“一体化”管理，搞好社区卫生服务中心和卫生站的三级医疗保健网建设，让居民小病到社区，大病进医院。

（2）建立健全社会治安综合治理的领导机构和办事机构，发展壮大治安防范队伍。全力构建长效的社区治安防控体系，如街道社区建立健全公安派出所、交通队以及驻街单位主要负责人组成的社会治安综合治理委员会，发展壮大居委会辖区的义务巡逻队伍和驻街各单位的专职或兼职保安队伍等，协助公安、执法机关严厉打击各种违法犯罪活动。

（3）加强重点群体和特殊人员的管理。加强对失足青年和解教人员的帮助教育，加强对社会刑满释放人员、解除劳教人员的安置帮教。加强社区外来流动人口管理和引导，一方面做好流动人员登记等相关工作，另一方面要加强流动人口服务管理，强化社区矫正人员动态管理和异地协作监管机制、教育管理、定期回访、点到点帮扶等制度建设，切实维护社区和谐稳定。

（4）深入开展法制宣传教育活动。如请公检法部门工作人员到社区讲解法律知识，利用社区宣传栏宣传法律法规，举办法律知识比赛等形式进行法律法规的宣传教育。

（5）开展消防安全演习宣传、与小偷斗智斗勇演习等安全教育活动，并积极开展相关调解工作，等等。健全社区社会治安电子网络，科学规范化建立安防体系，提高居民安全意识。从而消除社区各种安全隐患和不稳定因素，维护社会秩序和公共安全，保护公民的合法权益，努力建设群众满意的“平安社区”。

9.改革社区考核评比机制，实现社区居民监督法治化

目前大多数的社区考核评比主要是由上级主管部门的考核来决定，所以有的社区工作呈现出“对上积极、对下消极”的状态。因此，建立健全居民监督居委会管理部门和工作人员的制度，建立一套合理规范的居民监督法律规章制度，让居民在评估社区工作人员处事、德行上有法可依，有法可量，从根本上改善社区管理和服务的水平，改变居民参与社区管理的被动状态。建立居民监督居委会工作的制度，拓宽居民监督渠道。如成立居委会监督小组热线电话和政府部门监督居委会小组，建立社区论坛、投诉信箱、社区建设建议平台、居委会工作人员满意度投票等活动平台，畅通居民监督渠道，提升居委会服务能力和服务水平。上级主管部门在对社区进行考核时应当将群众评议意见作为考核的重要标准，接受服务的群众可以对社区服务的质量、效率、内

容、标准和环境等内容作出评议。建立惩罚机制，上级主管部门可以对群众满意度高的社区进行表扬，对群众提出意见进行整改的社区予以奖励；对群众满意度不高的社区予以警告和相应处罚。这不仅能提升社区管理和服务质量，而且可以提升居民对社区活动的参与度和积极性，让居民自主监督社区工作人员，减少社区工作人员的贪污腐败和工作的低效率，提升社区治理的制度化、法治化，建立“阳光社区、廉政社区”，促进国家、社会法治化进程。

六、结语

当前，我国改革进入深水区，发展进入新阶段，利益格局深刻调整，社会关系错综复杂，群众诉求日益多样，社会治理面临许多新情况新问题新挑战。习近平总书记指出，和谐社会本质上是法治社会。社会和谐需要人民生活和谐，需要人民知法守法。城市社区作为基层群众自治组织，作为人民最基本的生活区域，更应该从自身出发，大力弘扬社会主义法治精神，充分发展社会主义法治文化，形成守法光荣、违法可耻的社区氛围，使居民都成为社会主义法治的忠实崇尚者、自觉遵守者、坚定捍卫者。实现这一目标，必须提高社区居民法治意识，多途径促进政府法制机构的完善。加强社区部门法制机构、行政执法部门执法队伍建设，不断提升社区依法治理能力和水平，完善社区法治建设，创新社区治理模式，提高社区治理法治化水平，进而推进安徽省以及国家治理体系和治理能力现代化、法治化。

附

调查结果统计表

题目	选项	选择人数	百分比
1. 您的性别	男	130	40%
	女	195	60%
2. 您的年龄	18岁以下	33	10%
	18—30岁	178	55%
	30—50岁	81	25%
	50岁以上	33	10%
3. 您的学历	硕士研究生及以上	13	4%
	大学本科	124	38%
	大专	45	14%
	高中(中专)	55	17%
	初中及以下	88	27%
4. 您的职业	工人	62	19%
	机关和事业单位公务人员	19	6%
	企业管理人员	10	3%
	离退休人员	42	13%
	学生	159	49%
	其他	33	10%
5. 您目前的户口在	本社区	179	55%
	本市其他社区	65	20%
	外地城镇	32	10%
	外地农村	49	15%
6. 您所在社区居委会的工作人员是如何形成的	居民选举	172	53%
	上级直接派遣	72	22%
	依靠各种关系	29	9%
	其他	52	16%

续表

题目	选项	选择人数	百分比
7. 您对社区部门及工作人员有多少了解	比较了解	46	14%
	了解一点	124	38%
	不了解	155	48%
8. 您对社区提出意见或建议时，社区一般会采取何种应对措施	热情对待和反馈，合理的建议和意见都能落实	85	26%
	欢迎提出意见与建议，但没有反馈	58	18%
	不予理睬	19	6%
	没有提出过，不清楚	163	50%
9. 您对社区工作人员的能力和品德素质如何评价	德才兼备	107	33%
	工作能力突出，但人品不好	33	10%
	思想作风端正，但工作能力有待加强	153	47%
	德才兼缺	32	10%
10. 您认为社区目前的邻里关系如何	非常和谐	75	23%
	较和谐	179	55%
	一般	68	21%
	不太和谐	3	1%
	非常不和谐	0	0%
11. 当您在小区中遇到问题，产生纠纷，先会想到通过何种途径解决	街道委员会	62	19%
	居民委员会	69	21%
	业主委员会	20	6%
	派出所报警	58	18%
	法律途径	6	2%
	私下协调解决	107	33%
	其他	3	1%
12. 您认为现在所在的社区应该由谁来管理	业主委员会	23	7%
	街道居委会	78	24%
	政府统一管理	78	24%
	社区居民自主管理	130	40%
	社区委员会	3	1%
	其他	13	4%

续表

题目	选项	选择人数	百分比
13. 您或您的家庭成员参加过何种形式的社区管理活动(多选)	业主大会	78	24%
	居委会选举	124	38%
	社区共建活动	88	27%
	社区志愿者	81	25%
	其他	71	22%
	未参加过	117	36%
14. 您一般通过哪些渠道了解社区情况(多选)	社区宣传栏	150	46%
	居民之间交谈	166	51%
	相关文件、报纸	39	12%
	社区微博等网络媒介	23	7%
	其他	23	7%
15. 您所在的社区开展过哪些活动(多选)	消防安全演习宣传	39	12%
	法律咨询、法治教育、法治宣传	101	31%
	各种文娱体育活动	150	46%
	其他	52	16%
	从没有活动	65	20%
16. 据您了解,您所在社区目前提供的服务项目有哪些(多选)	法律援助	88	27%
	思想道德和安全教育	182	56%
	文化娱乐服务	198	61%
	环境绿化服务	172	53%
	就业劳动服务	72	22%
	医疗保健服务	182	56%
	家政服务	65	20%
	其他	75	23%

续表

题目	选项	选择人数	百分比
17. 您觉得社区中还需要哪些社区教育方面的服务(多选)	科学普及	211	65%
	健康教育	218	67%
	社区文明	202	62%
	育儿知识	117	36%
	婚前教育	107	33%
	其他	49	15%
18. 如果家里有老人需要照顾,您认为最为需要的是哪几项(多选)	紧急救助呼叫系统	221	68%
	日间照料中心集中托管	172	53%
	定时陪聊陪读	143	44%
	社区配餐和饮食指导	163	50%
	基本体检	221	68%
	其他	42	13%
19. 您对社区医疗及各种服务水平的总体评价	非常满意	33	10%
	基本满意	120	37%
	一般	162	50%
	不满意	10	3%
	非常不满意	0	0%
20. 您认为居民不愿意参与社区活动的原因有	居民对社区归属感不强	124	38%
	对居委会办事能力与效率的信任度与信心低	78	24%
	居委会民主性不强,即使参与也只是形式,不能达到预期效果	94	29%
	其他	29	9%
21. 您认为目前社区管理中存在的问题是	社区居民社区自制意识淡薄,参与程度低	130	40%
	社区服务不完善	98	30%
	社区管理体制存在问题	84	26%
	社区环境恶劣	13	4%

续表

题目	选项	选择人数	百分比
22. 您认为您所在社区最需要改革的制度是哪方面(多选)	安全制度	198	61%
	环卫制度	198	61%
	选举制度	175	54%
	文化制度	172	53%
	管理制度	189	58%
23. 您认为可以从哪些方面提高居民参与社区管理的积极性(多选)	多宣传,使居民了解参与的重要性	218	67%
	财政、选举等程序实现公开透明化	205	63%
	尊重居民的智慧和首创精神	153	47%
	让居民参与社区管理制度制订,激发居民自主意识	227	70%
	开展操作性强的文娱体育专题活动	166	51%
	其他	23	7%
24. 您认为社区要依法治理首先要解决哪些问题(多选)	完善相关法律,如修订居委会组织法	188	58%
	建立合理完善的领导机构	179	55%
	划拨专项经费	136	42%
	建设专业化队伍(聘请法官、律师等)	143	44%
	提升居民素质	175	54%
	重视居民参与	195	60%
	其他	26	8%
25. 您是否愿意为社区建设献出时间和精力	会积极主动完成社区相应工作和志愿活动	175	54%
	较为被动,会完成社区强制性的任务和活动	130	40%
	不愿意,管好自己就行	20	6%

续表

题目	描述
26. 您理想中的社区是怎样的呢?请简单描述一下	大同社会
	干净,整洁
	自然的人际关系
	公民参与度高,公平民主,集体活动丰富多样,和谐互助的友好氛围
	环境好,居民团结,社区工作人员热情负责,一个好的社区创建,离不开大家的齐心协力
	环境卫生要好、安全,定期给社区居民体检,组织体育、娱乐方面的精神活动
	多开展各种活动,丰富居民生活,提供生活福利,让居民对居委会信任
	首先是环境优美,其次是治安好
	为人民服务,不推卸责任的居委会
	不同年龄层都应有相关社区服务
	有一些大家运动、休闲的公共场所
	一个大家庭,有交流与共享
	统一的生活医疗服务,服务大厅内容更全面
	能保证工作稳定性高,保证生活水平稳步提升
	居委会不要贪污,民主廉政
	人际关系和谐,环境卫生好
	社区能为居民提供更好的服务、更多的就业机会
	和谐,平等,民主,法治,团结,友善
	环境干净整洁,居民整体素质高,安定欢乐
	多举办一些有意义的社区活动,促进居民的关系
	少一点犯罪活动,加强治安管理
	老有所依,安定和谐
	不清楚,只要日子过得更好就行
	社区工作透明公开,社区治安良好
	居民生活安定,各司其职,孩子有个快乐健康的成长环境,治安环境等问题得到改善

全面二孩政策对女性就业的法制保障影响①

一、调研背景

党的十八届五中全会提出，全面实施一对夫妇可生育两个孩子政策，这意味着中国进入了人人都能生两孩的新时代。从1980年提倡一对夫妇只生一个孩子，到1984年提出在农村适当放宽生育两孩的条件，然后是2013年单独二孩政策的出台，再到今天的全面放开二孩，我国计划生育政策一直处在动态调整的“进行时”。这是继2013年党的十八届三中全会决定启动实施“单独二孩”政策之后的人口政策又一次调整。“全面二孩”政策符合民意，有利于改善人口结构。

但是不可否认的是，生育对于女性就业一直是一种阻碍因素。全面二孩政策的放开，女性就业愈加处于劣势地位，现有的对女性就业的法制保障不能满足新形势的需求。我们通过实地访谈、问卷调查和资料收集等方式，对芜湖市弋江区以及铜陵狮子山区辖区内的社区进行实地调研，获取定量信息。通过这些信息，了解女性因生育造成的就业现状以及相关的就业问题，分析全面二孩政策对女性就业法制保障的影响，并针对新形势下的女性就业法制保障提出相应的改进建议。

---

①由安徽师范大学法学院王玉峰，匡海军，李闯，许涛，许莉，姚凤阁，董露萍，陈在玲，王玉玲，马常兰，李家奇，刘雅青，章雨婷，马宝乐团队完成。

二、调查时间、地点、方式和对象

1. 调查时间：2016年7月3日—7月5日在芜湖，2016年7月6日—7月9日在铜陵，共进行了为期一周左右的调研。

2. 调查地点：芜湖弋江区的周边区域（奥园社区、澛港等）；铜陵狮子山区等地。

3. 调查方式：直接与调查对象进行面对面调查问卷填写，后期对调查结果进行统计、整理分析。

4. 调查对象：以社区为主，针对适龄女性进行问卷调查。

三、调查数据分析

1. 女性的就业保障制度面临新挑战

通过对调查问卷分析，有超四成女性求职屡被问及“是否有生育意向”或者“是否准备生二孩”，这反映女性就业仍然存在被歧视现象，全面二孩政策可能会加大女性的就业难度。虽然女性是我国劳动力的重要组成部分，而且《中华人民共和国劳动法》与《中华人民共和国妇女权益保障法》也明确规定了相关保护女性就业的内容，但是现实中女性就业依然存在性别歧视障碍，法律的落实程度较低。尤其是在全面二孩政策实施后，用人单位对女性求职者的歧视会愈发严重。“全面二孩”的实施势必会造成现有女性就业中不平等的加剧。

2. 女性劳动权利保障制度脱离现实

调查问卷显示，绝大多数女性职工会因为工作后生育，结束职业生涯，或者面临就业市场的歧视以及同工不同酬的困境。其中最主要原因是用人单位认为生育影响了工作而故意迫使这类女性职工离职或重新寻找工作。有的用人单位认为女性职工生育后身体机能下降，精力不如从前，试图通过各种方式终止相应的劳动关系，以减少损失。在“全面二孩”实施后，这种情况可能会更加普遍。

3.女性社会保障制度不能满足现实需求

调查数据显示，多数女性职工对于生育“二孩”的意愿不是特别强烈，主要是因为目前的生育政策以及相关社会保障制度的不完备。由于长期实行独生子女政策，现有的社会福利保障制度以及税收政策并没有向女性职工进行倾斜，导致其对生育前后的物质保障有所顾虑。与此同时，学前教育资源的稀缺，月嫂与育儿职业师市场的不规范导致女性在生育之后更加顾虑，难以做到生活和工作兼顾，从而阻碍其返回工作岗位。

4.女性职工维权难问题

调查显示，多数女性职工对于因生育问题造成的就业歧视和阻碍并不知道如何使用相应的法律武器去维护自身的合法权益。即使有少部分了解女性职工的相关权利，也迫于家庭、社会的压力难以运用法律的武器保护自己。全面二孩开放后，类似的冲突将会更进一步增加，女性职工维权问题是一个亟待解决的问题。

四、相关建议

（一）完善保护女性职工平等劳动权的法律制度

1.细化法律赋予女性职工的平等劳动权

《中华人民共和国劳动法》第十三条明确提出：妇女享有与男子平等的就业权利。在录用职工时，除国家规定的不适合妇女的工种或者岗位外，不得以性别为由拒绝录用妇女或者提高对妇女的录用标准。安徽省在起草的反就业歧视法专家建议稿中也提出，用人单位不得在招聘广告、面试、书面劳动合同、口头约定或单位规章制度中限制劳动者结婚或生育，不得在招聘过程中要求劳动者提供婚姻或生育状况的信息，不得因劳动者在应聘时未如实陈述婚育信息而对其进行惩戒或者解除劳动合同。各级劳动监察部门要根据现实中存在的问题，在法律的框架内制定符合实际的实施细则，切实保障女性职工的平等劳动权有法可依。

2. 加大监督与处罚力度

除了细化平等就业的法律以外，各级劳动监察部门应将这些平等就业的制度保障落实到位。同时，加大辖区内的用工单位的监察力度，对歧视女性就业的用人单位严格按照法律内容予以处罚。设立相应的检举控告渠道，并要求用工单位对女性工作者的就业情况定期报告，真正使得女性就业得到法制的保障。

（二）完善相关社会保障的法律制度

1. 贯彻落实女性职工的劳动保障制度

2016年新修正的《安徽省人口与计划生育条例》第三十七条中除了规定产假和护理假之外，第二款更是明确指出“职工在前款规定的产假、护理假期间，享受其在职在岗的工资、奖金、福利待遇”，为女性职工维护自己的合法权益提供了直接的法律保障。相关部门应当督促公司企业切实履行，在男性和女性劳动权利方面不应带有任何歧视和偏见。同时应制定相应的补偿和惩罚机制，对于用工单位保障女性就业导致的损失，要对用工单位予以适当政策补偿；在胁迫与变相胁迫女性职工离职或者对女性职工生育后再就业予以歧视的，应当严厉处罚。

2.落实生育保险报销制度

在全面落实二孩政策后，各地纷纷出台本地区的生育保险法律法规，然而各地不同的政策也让异地就业的女性增加了择业难度。自2007年1月1日起施行的《安徽省职工生育保险暂行规定》中第十至十四条明确规定了全省的生育保险待遇，贯彻落实其相关规定，可在全省范围内有效缓解女性生育二孩方面的经济压力，从而为女性就业在法律层面提供一定的经济保障。

3.完善相关配套措施和政策

政府层面要做到提高整体福利水平，加大基础设施投入，合理配置幼儿照料、学前教育和中小学教育等公共服务资源，推进三岁以下婴幼儿托幼机构的建设，加强月嫂、婴幼儿看护人员的培训，推动在机场、车站等公共场所设置母婴室，等等。此外，还可以尝试将家庭负担纳入个税征收标准，尤其是将个税改革与二孩政策结合起来，适当减少生育二孩家庭的个人所得税，从而在一定程度上减轻女性的就业压力，改善家庭的经济状况。

4.保障女性职工重返工作岗位

国家卫生和计划生育委员会主任李斌表示："要制定和完善保障妇女合法权益的配套措施，保障妇女的就业、休假的权利，并且支持女职工生育以后能重返工作岗位。"安徽省目前已出台《关于全面实施两孩政策改革完善计划生育服务管理的意见》，指出“严禁将计划生育与户口登记、入学挂钩；鼓励社会力量举办非盈利性妇儿医院、普惠性托儿所和幼儿园；加强女职工劳动保护支持女性生育后重返工作岗位；十三五期间每个县至少设立一个新生儿病房”。对妇女生育再就业的保护，需加大政策的组织实施，在实践中真正让女性在产后能够重返工作岗位。

（三）加大对相关法律的宣传力度

依法保障女性的就业权益，需要进一步宣传《中华人民共和国劳动法》《中华人民共和国妇女权益保障法》等法律法规，让社会大众、企业公司能够真正了解到法律对于女性职工的相关保护机制。如《中华人民共和国妇女权益保障法》中第三条：“凡适合妇女从事劳动的单位，不得拒绝招收女职工”以及第四条：“不得在女职工怀孕期、产期、哺乳期降低其基本工资，或者解除劳动合同”，都明确规定不得歧视或者变相剥夺女性平等就业的权利，但是真正为人了解并运用的却很少。由此可见，在法律法规的宣传落实方面仍有很多不足，相关部门需要进一步加大对法律的宣传力度。

对于广大女性职工来说，最大的问题是她们并不清楚自己所拥有的权利。随着时代的发展、社会的进步以及中国法制的不断健全，女性的就业权利在不断的完善。但是这些权利如何从“纸面上的法”变成“生活中的法”，关键还在于女性群体的主动了解和运用。现今网络技术发达，各种资源都可以通过互联网进行共享，政府可通过开设女性网络维权课程，通过在线教育，为女性了解自己的就业权利和其他相关方面保障提供便捷途径。

（四）提升女性职工的个人维权意识

事实上，现有对女性劳动权利保护的相关法律制度体系已初步建立，如《中华人民共和国劳动合同法》《中华人民共和国女职工劳动保护特别规定》和《中华人民共和国妇女权益保障法》等，只要有怀孕和生育的事实，用人单位就不能以此为由与女职工解除劳动合同。因此，女性在遇到就业歧视以及生“二孩”过程中与用人单位发生纠纷时，可以诉诸法律，通过法律途径维护自身合法权益。另外，在政府政策方面的引导、社会舆论媒体的关注、家庭成员的支持等方面，也应当为女性群体提供较好的法治环境和氛围，让她们敢于拿起法律武器维护自身的合法权益

五、结语

通过此次调研，我们了解了女性就业情况的现状以及当下法律制度保障的情况，并做出相应的分析与思考。当下，全面二孩政策虽然已经出台，但是相关的制度建设还不够完备。全面二孩政策能否得到顺利实施，加强对女性就业的保障是一个重要的环节。女性就业本身的法制保障并不是尽善尽美。在全面二孩的大环境下，必须进一步健全完善相应的法制保障，才能适应新形势的要求。我们可以看到安徽省高度重视对女性就业的保障，在全面二孩政策实施之后，迅速开始研究二孩政策下的女性就业的新问题，是值得鼓励的，但是我们仍要看到现实中对女性就业法制保障体系中存在的不足。

此次调研，围绕全面二孩政策对女性就业法制保障影响

的课题展开，在基层实践调研获得了众多一手资料，需要后期不断研究吸收。团队是因暑期实践而组建的，受时间和自身能力水平限制，对于相关问题没有深刻的认识，也不能深入发掘实践调研中种种现象的深层次原因。此调研报告总体水平有限，团队在今后仍将不断改进，欢迎各方批评指正。

附

全面二孩政策实施后对女性就业的影响调查问卷

您好!

非常感谢您能在百忙之中协助本次调查。本调查旨在了解二孩政策实施后对女性就业的影响状况，为“全面二孩政策实施后对女性就业的影响研究”课题提供参考。本调查采用匿名的方式，答案无谓对错，请您根据实际情况填写，我们承诺所有数据仅用于课题研究，谢谢您的合作!

1. 您的年龄是

○ 18—25岁　○ 26—35岁

○ 36—45岁　○ 46岁及以上

2. 您的学历是

○ 初中及以下　○ 中专　○ 高中　○大专

○ 大学本科　○ 研究生及以上

3. 您目前的就业状态?

○求职中　○已工作　○无工作　○ 其他

4. 您的孩子数量是

○ 0个　○ 1个　○ 2个及以上

5. 您认为二孩政策的放开会加剧女性求职难度吗?

○ 会，影响很大　○ 会，但是影响很小　○ 不会

6. 如果您因为生育的问题面试被拒绝或者求职受到歧视，您会怎么做?（多选题，至多3项）

□用法律武器保卫自己

□多一事不如少一事，大不了寻找下一家

□到有关部门投诉该单位

□没有考虑过这个问题

7.您在求职过程中，是否曾经受到过歧视？

○ 有受过多次歧视　　○ 有受过歧视，但是较少

○ 没有受到过歧视　　○ 我没有求职过

8.有人认为二孩政策会加重在职女性受到的歧视现象，您觉得可能性大不大?

○ 可能性极大，企业要考虑雇佣成本；或者其他原因

○ 可能性较大，女性这方面确实不方便；或者其他原因

○ 有一定可能性，但生育意愿不高；或者其他原因

○ 可能性较低，生育意愿很低；或者其他原因

○ 完全不可能，国家政策在普及；或者其他原因

○ 没有考虑过

9.二孩政策实施后，在您或者您周围的人是否遭遇过男女同工不同酬的情况，或者同等条件下加薪机会减少的情况?

○ 是的，经常出现

○ 是的，出现过，但是很少

○ 否，从未出现

10.二孩政策实施后，您或者您周围的女性是否遭遇过在同等条件下晋升机会减少的情况?

○ 是的，经常出现　　○ 是的，出现过，但是很少

○ 否，从未出现

11.您或者您周围的女性是否出现过由于生育被企业强制调岗的情况?

○ 是的，经常出现　　　○ 是的，出现过，但是很少

○ 否，从未出现

12. 您是否觉得生育孩子会耽误您的职业发展前景？

○ 是的，但是有孩子很幸福

○ 不会，孩子不会耽误我的职业发展

13. 如果条件允许，您生育了第二个孩子，您觉得您目前的工作会受到影响吗？(多选题，至多3项)

□ 会，我的生育成本会影响公司追求的利益

□ 会，我的精力被分散了

□ 会，我的家庭经济和劳务负担增多了

□ 不会，公司对我的态度不会改变，我的工作没有任何影响

□ 不会，我的职业就是全职母亲

□ 其他

14. 您或者您身边的人在生育或再生育后的工作状况是？

○ 继续接手产假前工作

○ 接手别的工作，原工作已经被他人顶替

○ 已经离开原来单位，另寻其他工作

○ 辞职成为专职母亲

○ 其他

15. 您觉得生育二孩会对女性的职业生涯的影响具体体现在哪几个方面？(多选题，至多3项)

□ 职业中断

□ 改变职业选择倾向，如 ________

□ 无法达到职业发展预期目标

☐ 改变未来人生总体职业生涯规划

☐ 其他 ________

16. 您认为该如何解决或延缓生二孩问题对女性职业生涯的影响？（多选题，至多3项）

☐ 给夫妻双方同放产假

☐ 延长生育二孩的产假

☐ 制定法律法规保护女性就业权利和升职机会

☐ 政府为企业提供一些补助，例如女员工休产假时的工资补助，获得减税额度等

☐ 开设更多的幼儿福利机构

☐ 其他

17. 在二孩政策实施后，有问卷中没有描述到的，您所遭遇到的或者遇见过的其他问题吗？

18. 您对于放开二孩政策的看法，以及对女性就业方面的其他建议。